校本课程
与初中道德与法治课程的 融合研究

陈姝 著

汕头大学出版社

图书在版编目（CIP）数据

校本课程与初中道德与法治课程的融合研究 / 陈姝著. -- 汕头：汕头大学出版社，2019.1

ISBN 978-7-5658-3795-1

Ⅰ. ①校… Ⅱ. ①陈… Ⅲ. ①政治课—教学研究—初中 Ⅳ. ① G633.202

中国版本图书馆 CIP 数据核字 (2019) 第 029622 号

校本课程与初中道德与法治课程的融合研究
XIAOBENKECHENG YU CHUZHONG DAODE YU FAZHI KECHENG DE RONGHE YANJIU

著　　者：陈　姝
责任编辑：宋倩倩
责任技编：黄东生
封面设计：金李梅
出版发行：汕头大学出版社
　　　　　广东省汕头市大学路 243 号汕头大学校园内　邮政编码：515063
电　　话：0754-82904613
印　　刷：北京军迪印刷有限责任公司
开　　本：710 mm×1000 mm　1/16
印　　张：11.25
字　　数：160 千字
版　　次：2019 年 1 月第 1 版
印　　次：2020 年 3 月第 1 次印刷
定　　价：70.00 元
ISBN 978-7-5658-3795-1

版权所有，翻版必究
如发现印装质量问题，请与承印厂联系退换

前 言

随着现代科学技术日新月异的发展，全球的思想与文化也在不断地碰撞与交融。在这个注重创新、合作的时代背景下，教育课程作为文化的重要一部分也应当进行改革和调整。自2016年起，我国统一初中课程"思想品德"更名为"道德与法治"，该课程牢牢地把道德教育与法制教育融合在一起，始终以道德育人和法治育人作为主要出发点。

"道德与法治"这门课程是以初中生的生活作为基础，去引导和教育学生在思想品德和法治素养上的发展，确保其在成长的过程中树立正确的思想观念。本书介绍了校本课程、校本课程建设与管理、校本课程实施与评价、初中道德与法治课程等相关知识，并对初中生法律意识的培养、基本政治制度、国家机构等内容进行了全面的分析，同时也对社会主义核心价值观与体系、思想道德素质与健康、民法知识科普做了详细的阐述。

本书由合肥市第三十八中学陈妹著，在著作过程中，作者查阅了大量国内外的最新研究成果、文献资料、部分专家学者和前辈们的经验及著作，在此特向相关单位和作者表示由衷的感谢！由于时间仓促，书中难免出现不足之处，请谅解，并期待广大读者的意见建议。

作者简介

陈姝,女,(1982.02—),汉族,毕业于阜阳师范学院,高级教师,现为合肥市第三十八中学副校长。获得荣誉有:市级教坛新星、骨干教师、名师工作室主持人、优秀女教育工作者、优秀共产党员。长期从事初中、高中政治课教学,在省级以上正式刊物发表论文10余篇,担任副主编参与编写著作1本。

目 录

第一章 校本课程开发 … 1
- 第一节 校本课程开发概述 … 1
- 第二节 校本课程开发现状 … 7
- 第三节 校本课程开发理念 … 11
- 第四节 校本课程资源开发 … 14
- 第五节 校本课程开发的途径 … 17

第二章 校本课程建设与管理 … 23
- 第一节 校本课程建设 … 23
- 第二节 校本课程管理分析 … 27
- 第三节 校本课程管理策略 … 31

第三章 校本课程实施与评价 … 37
- 第一节 校本课程实施 … 37
- 第二节 校本课程评价 … 41

第四章 初中道德与法治课程 … 49
- 第一节 初中道德与法治情感教育 … 49
- 第二节 道德与法治教学模式 … 54
- 第三节 道德与法治课程思考 … 60

第五章 初中生法治教育 … 73
- 第一节 初中生法律意识培养 … 73

第二节　初中生公民法治教育 …………………… 82
　　第三节　道德与法治课程教学中新媒体的应用 …………… 90

第六章　我国的基本政治制度 …………………… 97
　　第一节　我国的基本政治制度 …………………… 97
　　第二节　多党合作和政治协商制度 …………………… 98
　　第三节　民族区域自治制度 …………………… 105
　　第四节　基层群众自治制度 …………………… 110

第七章　社会主义核心价值观与体系 …………………… 115
　　第一节　社会主义核心价值体系 …………………… 115
　　第二节　中华民族精神 …………………… 117
　　第三节　社会主义荣辱观 …………………… 122
　　第四节　社会主义核心价值观 …………………… 130

第八章　思想道德素质与健康 …………………… 135
　　第一节　初中生的思想道德建设 …………………… 135
　　第二节　初中生体质健康促进 …………………… 141
　　第三节　初中生心理健康发展 …………………… 147

第九章　民法知识科普 …………………… 153
　　第一节　继承权 …………………… 153
　　第二节　收养关系 …………………… 159
　　第三节　劳动保护 …………………… 164
　　第四节　学生权利保护 …………………… 166

参考文献 …………………… 171

第一章　校本课程开发

第一节　校本课程开发概述

一、校本课程开发概念解读

当前,关于校本课程开发理解的分歧表现在:"校本的课程开发"还是"校本课程的开发"。因此,根据研究立场的不同,所支持和采纳的观点也不同。

根据其开发的范围程度可分为广义与狭义。广义的校本课程开发指在国家课程规定的总框架内对学校所有课程进行整体规划、设计、实施和评价;狭义的校本课程开发是对国家课程的校本化实施,包括对课程的选择、修订、改编、整合等,也包括对国家预留课程空间的全新开发;狭义的校本课程开发对于学校和教师来讲更具有现实的基础和条件。

校本课程开发即"校本课程的开发",指学校根据自己的教育哲学思想,为满足本校学生实际发展需要,以学校教师为主体进行的适合学校具体特点和条件的课程开发策略。持这种观点的学者认为,校本课程是校本课程开发的成果。徐玉珍教授对校本课程开发的定义为:"校本课程开发的范围不仅包括完全自我开发、自我管理的校定课程,还包括对国家课程、地定课程校本化的改造和实施。"

尽管研究者对校本课程开发的关注点不同,出现了形式多样的概念界定,但是这些概念都有一个共同点,就是强调学校在课程开发中的自主性、选择性,强调校本课程开发依靠的学校现有资源和文化传统,是以教师为主体,针对特定的学校和特定的学生所需要,是一种课程开发策略。校本课程开发的主场在学校,主体是教师,目的是促进学生的多样化发展。

按照现代课程分类理论,校本课程并不是一种课程类型,而是属于课程管理方面的一个范畴,是同我国三级课程管理体制相适应的基础教育新课程体系中的一个组成部分,是中小学新课程计划中不可缺少的一部分。我国的校本课程是在学校本土生成的,既能体现各校的办学宗旨、学生的特别需要和本校的资源优势,又与国家课程、地方课程紧密结合的一种具有多样性和可选择性的课程。这一界定试图反映校本课程的三种基本属性,即关联性、校本性和可选择性。

校本课程的关联性指课程计划中的校本课程与同一课程计划中的国家课程和地方课程之间具有相互依存、相互制约的关系。由于校本课程只是新课程计划中的一个组成部分,它虽有独特的育人功能,但绝不能取代国家课程及地方课程特有的重要功能,因而,它必然要同国家课程、地方课程密切联系,形成一个整体。其关联性有三方面的含义:校本课程的总体目标与国家课程、地方课程各自的总体目标具有互补性;校本课程的总课时与国家课程、地方课程的总课时具有整体性;校本课程的育人功能对国家课程的育人功能具有辅助性。

校本课程的校本性是指校本课程具有服务学校、依靠学校、植根于学校的特性,这是校本课程不同于国家课程、地方课程的根本特征。校本课程以适应学校和学生的特别需要为主旨。校本课程的生成既要以学校的办学宗旨为依据,要为学校办出特色而服务,又要以本校学生身心发展的特别需要为依据,即为满足本校学生在国家课程和地方课程中未能得到满足的种种合理需要而设置。所以,校本课程不是对国家课程、地方课程的重复,而是对它们的有力补充。校本课程须依靠学校而生,它赖以生存和发展的空间是由师生的感情和智慧、本校的优良传统、校园文化资源及经过师生加工处理了的网络信息资源有机构成的一片沃土。

校本课程的可选择性是指校本课程的多样性具有满足学生自主选择课程的可能性。学生要想充分发展自己的个性,必然要求具有一定程度的自主选择课程的权利,作为育人蓝图和育人媒体的学校课程应适当满足学生的这一要求。然而,国家课程与地方课程只提供学生极有限的自主选择课程的权利;校本课程则可在一定程度上弥补国家课程与地方课程这方面的不足。当一所学校的校本课程发展到比较成熟的阶段时，它能较充分地反映学生的种种特别需要，提供多种多样的课程门类，让学生自由选择。从小学到初中、再到高中，校本课程的可选择性是逐步增强、分层推进的。

二、校本课程开发的原则

（一）满足学生需要，符合学生兴趣

泰勒在论述学校教育目标的来源时将"对学习者本身的研究"作为首要来源。对学习者本身的研究包括两个方面：研究学生的需要；研究学生的兴趣。"需要"在这里指某种哲学价值标准与实际情况之间的差距，也就是"实然"与"应然"之间的差距。由泰勒进一步指出："学校没必要重复学生在校外已获得的教育经验，学校应将精力集中在学生现阶段发展的严重差距上。"教育是一个学习者自己积极主动的过程，那种把教育理解为"授"与"受"的过程是对教育内涵的窄化。因此，如果学校的课程和情境是学生感兴趣的事物，学生就会乐此不疲地积极参与其中，并通过这些课程和情境改变自身的行为，反之，则会导致厌学。那么，在校本课程的开发过程中，教育者就必须深入地研究学生的需要和兴趣，并让学生和家长都积极参与到课程的开发过程中来，利用那些密切联系学生生活世界的资源来开发校本课程，做到既有利于学生和教师的发展，又有利于彰显学校的特色文化。这样开发的校本课程才是学生真正感兴趣的课程，才是能真正促进学生发展的课程。

（二）教师积极主动参与

校本课程是以学校为课程开发的主体，通过校长、教师、学生、家长和课程专家的合作与交流，自主研发的适合本校实际并促进学校发展的课程。教师在整个校本课程的开发过程中处在最为重要的地位，教师的行动研究是校本课程开发过程的必需条件，并且贯穿于整个校本课程开发的动态过程之中。因此，校本课程的开发不仅需要，而且必须是全体教师都积极参与课程，只有个别教师（通常是学校的优秀教师或学科骨干）参与校本课程的开发是对校本课程开发政策的歪曲理解。

（三）有利于学习和教学

有利于学生的学习和教师的教学是校本课程开发的一个很重要的原则。泰勒在论述学校教育目标的来源时提出了根据哲学和心理学来选择教育目标，其实，他是在强调要把其他多种多样来源的教育目标最终通过教育哲学和教育心理学两个"筛子"来筛选。从校本课程的价值取向上来看，凡是有利于学生全面发展和教师专业发展的资源都可以作为校本课程资源来开发，但是，究竟哪些资源是最适合学校开发、最有利于师生共同发展的课程资源，还必须经过教育哲学和教育心理学的筛选。利用教育哲学筛选的目的是过滤出那些对美好生活来说不可或缺的价值观，体现出学生发展的需要和社会发展的需要，反映出教育追求的理想。通过教育心理学筛选的目的要使课程符合特定阶段学生身心发展的特点，与特定教师群体的教育教学现实水平相适应。

三、校本课程开发的基本条件

（一）明确而独特的教育哲学思想和办学宗旨

从总体上讲，国家对于各级各类学校的培养目标和培养规格都有统一的规定。但是，这种规定只能是最基本的原则性要求，几乎不可能照顾到各地各类各级学校的具体特殊性，而且，千人一面、千篇一律的培养目标和培养规格也很难满足当今社会丰富多样的社会发展和个人发展需求。这就要求学校要有自己独特的教育哲学思想和办学宗旨，学校要根据具体的师生特点、教育资源和学校环境及教育者的办学宗旨确立自己学校独特的发展方向。

（二）民主开放的学校组织结构

校本课程开发要求学校有一个民主开放的组织结构。进行校本课程开发，校长的职责非常重要。一系列的研究表明，一所学校的校长要引导学校进行变革和革新，就必须积极地建设民主开放的学校组织机构，具备个性化的管理风格和人格特征。这一点对于校本课程开发这样深刻的变革而言，尤其重要。此外，校本课程的实施使学校成为评价的焦点，受到来自校内外的各种压力，要求学校工作有别于中央课程计划下的运作方式，这无疑增加了校长工作的难度。一所学校要从自上而下的体制转而实行校本课程开发，校长必须具备相应的领导素质，包括与教职工进行不断地对话和鼓励合作的能力，及必要时运用权力而又不至强加于人的艺术；必须具有同情心，乐于助人，有开放意识。我们之所以如此强调校长的职责，是因为校长能推动和引导着教师进行预期的变革，并争取实现着预期的成果。

（三）体现学校教育哲学和办学宗旨的教学系统

为了有效地进行校本课程开发，必须建立体现学校教育哲学思想的教学系统和学习环境，营造一种大家分担责任和积极追求成功的氛围。其中，主要的因素包括在小组决策过程中的良好训练，清晰而为人们共同接受的培养目标和办学宗旨，广泛代表教师的意见，尊重学生的差异性与独特性，充分考虑课程的多种实施途径等。

（四）自觉自律的内部评价与改进机制

校本课程开发是学校自主进行的，而且是各不相同的，国家不可能用类似于外部统一考试评价手段来评价校本课程的实施成效。因此，校本课程开发需要更多地依靠学校进行自觉自律的自我评价，不断地反思校本课程开发过程中出现的各种问题，即自我批评、自我改进、自我激励，保证校本课程开发的健康顺利运行。建立较为规范的自觉自律的内部评价与改进机制是一所学校成功地进行校本课程开发必不可少的重要条件。

四、校本课程开发的模式

校本课程开发有两种模式：合作开发与课程运行的自开发，后者也称教学情景互动开发。

（一）合作开发

1．校际合作

校际合作指学校与学校联合，校本课程开发不能只局限于学校本身的活动，需要与其他学校构成互动关系。这种模式要求各学校的教育哲学与宗旨相近，区域跨距小，资源可互补，以此增强课程开发实力。合作开发的方式有互补整合式、流线作业式、合并交叉式等。

2．专家—学校合作

课程开发实质是课程理论与课程开发实践不断发展、丰富和完善的过程。专家拥有较丰富的课程理论知识，可为学校课程开发提供理论指导，同时，具有开发条件的学校为课程理论与实践结合提供了重要的基础。

3．研究机构—学校联合

当学校进行规模较大、难度较高的课程开发时，应与研究机构联合。研究机构与学校联合的方式有基地法和现场法。基地法指某些研究机构以学校为基地进行课程开发，由学校积极参与；现场法是指由学校设置课程开发项目，研究机构莅临现场给予指导。

4．教育行政部门与学校联合模式

在进行校本课程开发时，教育行政部门可提出方针和原则，进行财力、物力支持和地区间学校资源的调配利用，这些都有利于增强校本课程开发的综合力量，但教育行政部门与学校合作必须遵从非命令性和非干涉性原则。

5．领导—教师合作

在校本课程开发过程中，学校领导和教师是核心力量，他们熟知学校的优势与特色，而且直接承担着具体的开发任务。领导者的个人风格、办学理念、管理方略显示着学校的办学特色，而教师最知晓自己和自己的学生，能真正贯彻校本课程开发中"以人为本"的目的，因此，只有学校领导和教师这两股力量结合，校本课程开发才能完整地体现学校本位和以育人为目的的思想。

（二）课程运行的自开发

课程运行是教师、学生、课程在教学情景中的互动关系。任何一种课程在这种互动关系中都会发生变化，这种变化能更好地体现教师的能力和学生需求实际。课程运行的过程是：教师先要根据学生的需求进行初次课程设置—学生提供反馈和建议—教师自我反馈—进行课程设置—课程设置更合理—教师专业能力相应提高，学生能力提高，从而课程开发的水平更高。

第二节 校本课程开发现状

一、当前校本课程开发中存在的主要问题

（一）教材质量良莠不齐

近几年来，在各地学校领导和学科教师的努力下，各种校本教材的编写取得了可喜的成绩，也存在着不少不容忽视的问题。一些教材根本没有遵循从已知到未知、由浅入深、由简单到繁难、由感知到理解等学生认识客观事物的"序"；有些教材则没有考虑诸如小学生的思维以具体形象思维为主、初中二年级后抽象思维才开始占优势等学生认识能力发展的"序"。有些教材虽然照顾到了上述两个"序"，却又严重忽视了教材编写理应顾及的渐进性和螺旋性，从而使得所编的校本教材因难度过大甚至有些晦涩，导致了教师难教、学生难学、教学效果欠佳的问题。

（二）实施过程名实不符

在整个校本课程开发过程中，校本课程的实施是一个至关重要的环节。应该说，近几年大多数中小学的校本课程实施是扎实而有成效的，但也不能不看到，依然有各种问题，尤其是名实不符的问题的存在。有些学校在校本课程实施中常常会有"偷工减料"的现象。教师往往只用其中的一部分时间来教授校本教材的内容，却以大量的时间"捎带"讲授自己所教主课的内容；有些学校甚至使校本课程变相成为常规学科的自修课、补习课；还有一些学校尽管能依据规定的课程进度，按时按量地实施校本课程，但在实施中只是停留于有限的课堂讲授上，既忽视了课后相应练习的设计与安排，也没有考虑到如何引导学生去探究问题及实际应用。这些名实不符的做法无疑会严重制约学生对校本课程的有效学习，进而阻碍校本课程的发展。

（三）课程评价严重滞后

校本课程评价直接关系着校本课程开发与实施的成功与否。但我国校本

课程的评价存在着严重的滞后性问题。校本课程的评价并没有列入现今的课程评价范畴中,对一所学校的评价依据也主要是看其常规课程的设置、实施情况及学生的考试成绩,而且评价的方式往往也是采取考试的形式。这就使得校本课程的评价成了课程评价中被遗忘的角落。

二、校本课程开发的主要价值

(一)有助于学生的个性发展

知识经济时代的一个显著特征是"以人为本",倡导个性发展,这就要求教育要注重学生的创造性和个性的培养。校本课程开发顺应了这一时代的要求,充分尊重和满足学生的差异性特点和多样化需求,为学生提供更多的课程选择权力,因而有助于学生的个性得到更主动、更充分的发展。

(二)有助于教师的专业化发展

校本课程开发赋予了教师新的角色,对教师提出了新的要求,为教师的发展提供了广阔的空间。在校本课程开发中,教师作为课程开发的主体,被赋予了课程开发的权力,因而校本课程开发对教师的课程意识和专业素养提出了更高的要求。同时,校本课程开发又为教师专业发展提供了广阔的空间,这有助于教师专业发展水平和能力的不断提高。

(三)有助于促进教育民主化的发展进程

校本课程开发是一项自下而上的课程改革,是政府给予学校的自我发展空间,是一个合作的、民主的、开放的过程。实施校本课程开发有利于激发校长、教师、学生、家长、课程专家及社区人士等成员的参与意识,也让他们在参与的过程中学会参与,反映了他们的需求与智慧。强调全员参与,集体审议,有助于促进教育民主化的发展。

(四)有助于弥补国家课程和地方课程的不足

国家课程的开发更多地考虑到学生的统一的、共同的基本素质要求,所以,它不可能以某一学校学生的具体发展为对象来设计课程,很难充分照顾到每一所学校的学生的差异性和多样性。地方课程开发着眼于某一地区学校

学生的特点，虽然与国家课程开发相比，地方课程具有更多的地方性，但它同样不能充分照顾到具体学校学生的发展需要。

总的来说，国家课程满足了学生发展的很大一部分需要，地方课程也能满足学生发展的一部分需要，但是它们还不能完全满足学生实际发展的全部需要。校本课程的开发是以学校为课程开发的基地，根据学校及学生的实际情况设计的，它能够满足国家课程与地方课程无法满足学生的需要，可以弥补国家课程与地方课程的不足。

（五）有助于更好地实现教育目标和突出办学特色

由于学校是教育实施的机构和场所，是真正发生教育影响和学生学习的地方，教育目标必须落实到学校层面，与具体的学校特点和条件结合才能真正实现，否则就会落空。从校本课程的特点看，它正是针对教育的核心课程而采取的实现教育目标的具体策略。所以，校本课程开发有助于更好地实现学校教育的目标，由于它尊重学校师生的独特性与差异性，融入了学校自己的教育哲学思想，因此，有助于学校办学传统和特色的创建与发展。

三、校本课程开发的影响因素

（一）国家方面

课程改革将逐步成为教育发展的主题，国家的重视程度极大地影响着校本课程开发的力度。现在，校本课程的改革成为新课程改革内容之一，引起了人们的众多关注，这为局部地区和学校自身开发校本课程营造出了良好的外部大环境。此外，国家和地方势必会需要围绕校本课程的开发对广大教师进行新一轮的培训，以促进校本课程的发展。

（二）学校方面

校本课程开发是在学校现有的条件下展开的，要最大限度地利用各种教育资源和环境资源，力避资源的浪费。校本课程的开发需要学校投入一定的财力、物力及校长、教师等人力资源，不同学校的条件和资源参差不齐，有的无法满足课程开发投入的需要，可以采取联合开发的方式或者选择某一方

面进行重点开发。教师校本课程的开发有一定的个人化倾向,与同事的交流相对较少,合作开发课题的情况相较个人开发较少,在对校外经验的借鉴上更有缺失。这就要求学校建立科学民主的管理机制,形成合作、开放、民主的氛围,建立并优化课研小组等,以此来鼓励老师们参加的积极性,建立完整的课程开发管理模式。

(三)教师方面

对于校本课程开发的主要参与者教师来说,在新的课程背景形势下进行课程的开发既是机遇又是挑战。很多教师的课程观念比较陈旧,对校本课程的认识存在偏差和误区,这对课程开发来说是极大的阻力。投身校本课程开发的教师又普遍存在知识和技能方面的不足,较难上升到理论高度。因此,教师自身要丰富知识储备、加强教学技能、提升钻研精神,在教学实践中积累经验,为课程开发的实施和评价做准备。

四、校本课程开发的对策

(一)提升校本课程的开发能力

教师是课程教学的主体,是校本课程开发的主力军,因此,提升学校教师队伍的整体素质是有效实施校本课程开发的重要手段。特殊教育学校应当选聘一些综合素质高,在课程开发方面有所建树的教师,让他们参与完成校本课程开发工作,使开发出的课程更能符合学校教学需求。此外,还应当对现有教师队伍进行教育培训,通过经验交流、课题研究等方式不断提高教师在课程开发方面的能力,使其能够充分利用自己的专业特长根据施教学生的需求情况科学开发校本课程。

(二)充分挖掘校本课程资源

学校应当根据自己学校的实际,充分挖掘现有教学资源实施特色化办学,打造自己的特色品牌,提升学校的影响力,为学校争取各方面支持增加筹码,同时,要进一步加大投入改善学校的教学环境,为针对不同学生群体开展特色课程教学活动提供更广阔的施教空间。此外，要充分利用网络资源丰富校本课程内容，拓展学生的知识面，促进学生的全面健康发展。

（三）健全校本课程管理机制

学校应当设置具体的管理机构负责校本课程的研究和开发，明确校本课程开发目标，使其与学校的具体实际相适应，还要提供必需的人力、物力、财力支持课程的开发工作。在课程开发过程中应当加强督导管理，可以通过聘请专业的课程开发专家指导本校课程开发工作，避免课程开发中的失误。此外，要建立必要的激励机制，鼓励教师参与课程开发工作，充分调动各方的积极性开展校本课程开发，使学校资源利用率达到最优。

第三节　校本课程开发理念

一、校本课程开发的基本理念

（一）突出学校的办学特色

在传统的集中式的课程管理体制下，国家掌握组织、分配课程资源和控制、支配学校课程的权利，学校在课程领域只是一个循规蹈矩的执行者，没有探索与创造的空间，由此造成了学校"千篇一律、一个模式"的现象，就连一些特色的学校也逐渐失去了自己的特色。事实上，每所学校都有自己独特的文化历史背景、外部条件和内在条件，这些条件的综合就形成了学校自己的办学传统。一个学校的办学传统就是该校在办学历程中所积淀的校园文化的结晶，而校风恰恰是学校之间自然存在的个性差异。比如，陶行知先生创办的晓庄学校就一直坚持"教、学、做合一"的校训，形成了独特的校风。校本课程开发要走的就是这样一条基于学校现实的特色化道路。每所学校都应该充分认识自己的办学特色，进行有特色的校本课程开发。有美术创作传统的学校可以以此为切入点，进行有关这方面的课程开发，而有些学校在数学建模方面做得比较好，就可以在这方面做些尝试。

（二）满足学生的学习需求

不论是国家统一的核心课程，还是学校自主开发的校本课程，它们的根本宗旨是一致的，旨在满足学生的学习需求，促进学生的发展。但是国家统一的核心课程是以学生的一般学习需求为基础的，难以兼顾每所学校的每个学生之间的差异。校本课程开发为发现学生之间的个体差异并采取相应的课程对策提供了可能和条件。在我国的许多学校中，教师常常为学习能力强或具有专门兴趣的学生布置额外的学习任务或进行个别指导，即我们常说的"开小灶"，实际上就是一种自发的校本课程开发活动。在西方国家的许多学校中，都设有"补救性课程"，这种课程主要是针对那些学习成绩差或学习困难的儿童的特殊学习需要而设计的，这种课程最好的开发主体当然是学校。所以，校本课程开发首先要基于学生个体的经历、体验和兴趣，把握好学生个性潜能发展的独特领域和生长点，并把这些因素都纳入到校本课程开发的过程之中。

（三）体现教师的个性特征

在传统的教育观念中，往往把教师更多地视为一种职业，而忽视了教师作为人的独特的个性品质，恰恰是教师的个性品质影响着其对课程内容的选择和组织。比如，场独立型的教师与场依存型的教师在选择教学方式时有一定差异；情感型的教师和理智型的教师在课程内容的组织与选择上也会有差异。同时，教师对学生的影响不仅仅表现在学识方面，而且更重要的是在人格方面，学生的个性往往总是或多或少地带有他们老师的个性痕迹，这也就是所谓的"以个性养个性"。因此，校本课程开发必须立足于教师的个性，要让教师真正成为校本课程开发的直接参与者，而作为开发主体的教师，在校本课程开发的重建过程中更要凸显自己的个性。

二、校本课程开发理念的多元化

（一）多元目标观

从多元智力理论来看，个体的智力是多元的，为了开发多元智力，课程

开发的目标也应是多元的;从校本课程来看,作为国家课程开发系统中的一个有机组成部分,它与国家课程和地方课程的开发目标有一定的相关性,同时,它的终极目标是尊重并满足学校师生的多样性、差异性和独特性。因此,校本课程的开发应树立多元目标理念。多元目标理念是指课程的开发目标不是线性的,而是复合的、多元的,它包括课程开发的国家目标、学校目标和社区目标。国家目标是指国家对校本课程开发的期望;学校目标包括两方面:学校发展及其特色构建对校本课程开发的特殊需要;满足学生的兴趣、智力、情感等方面的差异对课程开发的特殊要求,增强学生的学习效果,促进学生发展。社区目标也包括两方面:社区的个性化开发及其资源优势对学校教育的期望;家长对子女的期望。在整个目标系统中,学校目标占的权重最大,社区目标其次,最后是国家目标。

(二)多元的课程观

校本课程开发的目标是多元的,为达到目标设计的课程也应是多元的,因此,校本课程的开发应树立多元课程理念。多元课程理念是指根据不同的教育理论和学校、社区对课程的不同需求而开发出不同种类的校本课程。

(三)多元的主体观

校本课程的开发旨在充分调动参与者的积极性,实现资源重组与共享。因此,校本课程的开发应树立多元主体理念。多元主体理念指校本课程开发的主体是多元的,既可以是个体,也可以是有个体组成的群体。个体包括:学校领导、教师、学生、课程专家、学生家长、社区人士等;群体指由上述个体根据课程开发的需要由两个或两个以上的个体组成的课程开发小组。值得关注的是,国内众多的论者往往将学生排除在校本课程的主体阵营之外。实际上,把学生当成课程开发的主体也不是一个脱离实际的提法。泰勒指出:"在可能和合适的情况下,学生应该亲自参与课程计划和课程评价。"

总之,多元主体理念有助于我们拓展校本课程开发的视野,推动校本课程的开发向纵深发展。

第四节 校本课程资源开发

一、校本课程资源开发概述

(一) 校本课程资源开发的含义

广义的校本课程资源开发是一个活动的过程,这个活动的结果是开发出的校本课程资源。校本课程资源被利用并整合到课程的设计、实施、评价和管理活动中,在与学生、教师、学校管理者的交互作用中对这些人群发生作用。

综合理解各种校本课程资源的含义,结合中学校本课程资源开发的实际,校本课程资源开发指由学校教师作为主要开发者、基于学校的教育哲学和现状、为满足本校学生需要所进行的课程资源的开发。校本课程资源开发可以直接转化为校本课程设计的开发。

(二) 校本课程资源开发的特点

1. 民主性

校本课程资源开发是一个多主体共同参与的过程。校本课程资源开发的参与者有校长、教师、学生、课程专家、家长和社区人士。在校本课程资源开发的过程中,他们都有权利表达自己的观点和要求,不存在主动与被动的关系。

2. 过程性

校本课程资源开发具有过程性,其过程性伴随着校本课程的实施全过程。校本课程资源开发不是一个固定不变的程序,而是一个需要根据学校的具体情况,随着校本课程资源开发的深入而进行某种程度的调整和改变,是一个需要不断完善、修正的过程。

3. 灵活性

校本课程资源开发不仅注重静态的、显性资源的开发,如教材、社会资源中的实物等,更注重动态的、隐性的资源,如学校风气、师生关系等。校本课程资源不但来源比较灵活，范围比较宽泛，而且表现形式和开发的方法都具有灵活性特点。

4．生成性

校本课程资源开发给学生提供了一个体验和探究的空间。伴随着开发活动的进行，学生的探究活动、师生之间的交流对话、学生的疑难问题等都是重要的课程资源，并且这种动态性的资源慢慢增加。因而，校本课程资源开发也就具有了生成性的特点。

二、校本课程资源开发的理论依据

对校本课程资源进行开发要有一定的理论依据，有以下三个方面的理论对校本课程资源的开发有着重要的指导意义。

（一）教育哲学

校本课程资源开发在符合社会发展的需要和进步方向的前提下，要有利于实现本校的教育理想和办学宗旨。在开发校本课程资源过程中，不能只追求课程资源形式的丰富多样化而不体现学校特色，应从学校实际和学校的办学特色出发，凝聚校内和社区的课程资源，反映本学校的特点和特色，满足本学校的实际需求。

（二）学习理论

校本课程资源的开发要与学生学习的内部条件相一致，符合学生身心发展的特点，满足学生的兴趣爱好和发展的需求。开发校本课程资源是为了满足本校学生需要。因此，学生应该成为校本课程资源开发的主体之一，应当学会主动地、有创造性地开发，利用校内、社区、家庭的课程资源，为自己的学习、实践、探究性学习服务。

（三）教学理论

校本课程资源开发要与教师教育教学的现实水平相结合。教师不仅仅是知识的传授者，更应该是校本课程资源开发的最重要的主体，收集分析校内和社区课程资源的潜力与价值。除此之外，教师应该引导帮助学生走出教科书、课堂和学校，充分开发各种社区的课程资源，在社会的大环境里学习和探索。

三、校本课程资源开发的主要内容

（一）教师资源

从课程资源的角度讲，教师不仅决定课程资源的鉴别、开发、积累与利用，是素材性课程资源的重要载体，而且还是课程实施的首要的基本条件性资源，教师的知识、经验和专业技能都是校本课程活动的重要资源。所以，从这个意义上讲，教师是最为重要的课程资源。从课程资源开发者的角度来看，教师又是校本课程资源开发的主要力量。因为，校本课程资源开发的任务最终要落到学校的每个教师身上，要靠教师去具体推进，包括校本课程资源开发目标的确定、选择、评价等，都要依赖教师，由教师提供意见，予以决策。因此，教师作为校本课程资源开发的组织与管理者、指导与参与者，要有意识地去协助学生开发校本课程资源。教师作为校本课程资源开发的主体，其自身知识结构、能力素质和对资源的意识程度都是影响校本课程资源开发的重要因素。教师之间的合作与帮助、团结与促进、交流与分享，有利于校本课程资源的开发与积累。

（二）学生资源

学生既是校本课程资源的消费者，也是校本课程资源的开发者。学生的经验、兴趣、差异都是一种资源，而且，学生开发校本课程资源的过程也是学生学习与发展的过程。因此，在课堂教学中，教师不应以成人的标准来评判孩子的生命存在方式与文化，不应漠视、拒斥儿童真实的生活体验，而是要善于将之作为一种鲜活的课程资源，使之与教学内容、目标发生良性的互动。

（三）教育管理资源

教育管理资源主要指校长的观念及参与或支持的程度。目前，我国中小学实施的是校长责任制，因此，在校本课程资源开发中，校长负有重要的职责。

校长要有明确的办学宗旨,校本课程资源的开发是为了满足校本课程的开发,而校本课程的开发是为了满足学校的各方面的需要,所以,校长的远景规划和明确的办学宗旨在校本课程资源开发中是至关重要的。校长还应协调好影响校本课程资源开发的各种因素,如协调好学校与地方政府、上级行政部门的关系,协调好学校与社区、家长的关系,协调好学校与高等院校、科研院所的关系。校长还应有强烈的创新意识和革新能力,能够充分认识到校本课程资源开发的重要意义和作用,从而给予教师更大的自主权,促进教师的专业成长。

(四)校内的物质和文化资源

校内的物质资源是指在校本课程开发中学校可以提供的场地、设施、设备与经费支持,它是校本课程开发的物质基础。校内的文化资源包括教师群体,特别是专家型教师、师生关系、学生团体、校纪校风、校园环境、校容校貌等。充分开发和利用校内这些人文资源,有助于学校的教育教学活动,对学生人格的完善及其他方面的发展也会起到潜移默化的作用。

第五节 校本课程开发的途径

一、我国校本课程开发面临的机遇

随着各项改革的深化和经济社会的发展进步,我国校本课程的开发迎来了前所未有的机遇。

首先,社会政治生活的民主化与经济文化的多元化发展对学校课程的需求日益多样化和个性化;地方和学校的课程决策自主权进一步加大,责任也相应地增加。这为校本课程开发提供了巨大的需求可能、政策支持和发展空间。

其次,课程改革为校本课程的开发奠定了基础。现在,凡是有条件的单位和个人经审批同意后都可以编写教材,编写出来的教材经全国中小学教材审定委员会审查通过的，可供全国选用，经地方（省、自治区、直辖市）审查通过的，可供地方选用。一些地方和学校在课程开发方面的积极性很高，他们与课程专家密切合作，进行课程开发的尝试，已经取得了一些阶段性的成果，有了一定的经验积累。这些实践说明，校本课程的开发在我国是切实可行的。

最后，我国课程与教材改革的发展形势对校本课程开发提出了迫切的要求。我国地方和学校的课程决策权力和作用越来越大，责任也越来越重，课程的多样化趋势日益明显。今后，在保证中央规定统一的基本要求的前提下，多样化趋势将得到进一步加强，这种趋势符合我国国情，适合各地经济文化发展不平衡的特点，有利于调动地方和学校校长、教师的积极性，更好地培养和发展学生的个性，使学校更有特色，教师的教学更有特点，学生的发展更有特长。这种强劲的发展趋势非常迫切地要求中央统一的课程体系向外围转移，尤其是迫切需要校本课程开发提供呼应和支持。校本课程开发是一项非常迫切的课程革新任务，而且很有可能成为21世纪初期我国课程改革乃至整个教育改革的重大热点问题。

二、对校本课程开发所面临若干问题的思考

（一）树立多元的校本课程开发主体观

校本课程开发是一个以学校为基地的进行课程开发的、开放民主的决策过程。校长、教师、课程专家、学生及家长和社会人士共同参与学校课程计划的制定、实施和评价活动。因此，校本课程与国家课程不同，校本课程开发的主体是多元的。

校本课程开发打破了国家作为课程开发的唯一机构的格局，也打破了长期计划经济体制下所形成的对国家课程的依赖思维。学校和教师只有真正拥有了课程开发自主权，才能依据具体的情况对课程计划进行评估和改进，才能使理想课程与现实课程较为一致。

校本课程开发肯定了学校要为社区服务、社区之间和学生之间的差异，

并能根据各社区的特点,充分挖掘其潜在资源,按照每个学生的特点,充分发展其潜能。因而,校本课程开发需要学生和社区的参与,同时,校本课程的开发也离不开课程专家的指导以及社会各方的支持,只有这些课程开发的主体形成合力,校本课程开发与实施才能更有效地达成目标。

（二）秉持促进学生个性发展的目标观

斯基尔贝克认为,校本课程开发是基于这样的理念,即"课程是由学习者的需要和个性特征发展而来的经验组成的""如果要使学生获得有意义的教育经验,课程的多样化是根本"。不难看出,校本课程开发的最终目的是要促进学生的个性发展。在校本课程开发的众多目标中,又以学生的潜能的多样化发展为终极追求,忽视学生的差异性和独特性的校本课程开发势必没有好的效果。当然,尊重学生的差异,促进学生的个性化发展,并不是跟着"差异"亦步亦趋,如果真的这样,学生反而有可能得不到个性化的发展。

（三）重视对校本课程开发的指导与评估

学校和教师较高的课程意识与课程开发能力是校本课程开发的重要前提。然而,长期的计划体制下的校长和教师不可能具备较高的课程意识与课程开发能力。学校校长和教师即使学习过课程理论,但由于学校活动条件的限制,依然不能真正地把握课程的精神与可靠依据。由于学校条件和教师水平的限制,校本课程可能质量不高,产生平庸和折中的现象,增加了教师负担,影响教师工作的积极性。因此,需要建立课程指导与评估机构,对校长和教师进行课程开发理论、技术等方面的指导,对校本课程计划进行有效的评估,确保校本课程健康有序地发展。

三、校本课程开发的策略

第一,成立校本课程开发、管理小组,健全开发管理网络。校本课程的开发需要一支高质量、高水平的开发管理队伍,这支队伍主要由课程专家、学校领导、教师及企业家（行业专家）共同组成,也可有家长及社区人士参与,组成开发、管理小组,并健全开发管理网络。

第二,收集整合各种信息,为校本课程开发准备第一手材料,为校本课程的开发打下基础。通过教师座谈或问卷调查的形式收集教师对校本课程期望值的信息。

第三,确定课程目标,建构课程框架,撰写课程纲要。收集到各种信息后,要根据主次,整合各种信息。整合的依据要考虑企业的需求、学生的需求和综合教师对校本课程开发的期望,各种信息经以上整合后,即可提出某一专业和各门课程的培养目标,从而建构需要开发的校本课程的框架,指定人员进一步撰写《课程纲要》,一般应包括以下内容:课程目标的陈述、课程内容及活动安排、课程实施建议和课程评价建设等。

第四,多方论证修订,形成课程设计方案,进行校本课程开发。确定《课程纲要》后,还要多方征求意见,进行论证,主要通过召开校本课程开发小组会议,进行讨论定位,也可进一步反馈到企业,听企业家、企业技术人员、管理人员,甚至一线工人对这些专业《课程纲要》的意见,为《课程纲要》的修订提供决策咨询,从而形成校本课程设计方案。校本课程的开发可分两种情况进行。

1. 进行课程专题设计

校本《课程纲要》确定后,对于某一专题,教师可单独设计课程实施方案。教师一边设计"教学专题",一边尝试教学实践,经一段时间后(一个学期),可将准备的"专题"按一定的内在逻辑顺序合并成校本课程专题教材,再试验一轮或几轮后,根据反馈信息,修订教材设计体系、方案和教学方法,最后经校课程开发小组审定,以内部系统资料形式出版。这种开发往往适用于科学素养类、人文素养类、身心健康类等校本课程的开发。

2. 直接编写教材

在专业技能类课程开发中,有些教材已经具有了较为系统的内容,如纺织专业中的新型织机从织机的类型到性能,各种机构已经形成了较为全面系统的体系。所以,专业技能的开发是要根据收集到的各种信息,可直接制订《课程纲要》，编写教材。当然，直接编写教材对教师提出了很高的要求，教师不仅要有过硬的专业知识与技能，还应掌握课程编写的理论知识与实践经验。

四、校本课程开发的实施

（一）情景分析

情景分析包括明晰学校教育哲学、调查学生需求、分析学校资源、把握社区发展需要等。由于校本课程设计的起点是充分考虑学生的需求，特别是学习需要，因此，调查学生需求对于确定校本课程目标具有导向性意义。

（二）确定方案

确定方案包括确定校本课程总体目标、课程结构、科目和课程纲要。校本课程总体目标是指学校在开发校本课程方面的总目标，它必须体现校本化。课程结构有科学素养类、人文素养类、技艺类、综合实践类等，根据学校开发的课程性质进行归类。课程纲要是课程实施和课程评价的依据，包括课程目标或意图陈述、课程内容或活动安排、课程实施建议，课程评价建议等。

（三）组织和实施

组织和实施是学校为实现校本课程目标而开展的一系列活动，包括制定《校本课程开发指南》、对教师进行培训、组织校本课程的申报与审议、召开校本课程发布会等。

（四）评价与完善

评价与完善这一步涉及评价内容与方式、结果处理、改进建议三方面。校本课程开发的特殊性决定课程评价的特殊性，如校本课程开发强调学生的自主权，这就决定课程评价必然是一种内部评价。校本课程开发的过程性决定课程评价的过程性。因此，进行校本课程开发的教师必须具备相应的评价技术，通过恰当的评价来确定课程的合理性，保证校本课程开发的质量，促进教师的专业发展，弘扬学生的个性，形成学校特色。通过这样一种理性的课程决策过程，并制定相应的制度和组织，才能保证校本课程开发是一个持续不断改进的过程。

第二章 校本课程建设与管理

第一节 校本课程建设

一、校本课程建设的总体设计

校本课程建设和管理是本次国家课程改革的一大创新，它赋予了学校在培养学生的创新精神和实践能力上的极大的责任和一定的自主权。

学校针对原来的必修课、选修课、活动课（俗称"三板块"课程），在逻辑上可能出现的交叉混乱和在教学实践中（如在教学的组织、实施、评估）常常出现的操作随意，甚至选修课、活动课流于形式等现象，将全部课程整合为基础性课程和校本课程两类课程。

基础性课程是国家课程计划规定的学科课程。校本课程是学校为全面提高学生素质，发展学生的兴趣和特长，拓宽学生知识面，培养学生的合作精神、创新精神和实践能力，发展学生对自然和社会的责任感，根据现有的条件和资源、学生现况及学生、学校、社会未来发展的要求所开发的各种课程。

学校把校本课程设计和实施的自主权交给教师，为教师营造自主、创新的环境，甚至有些课程还利用社会资源（如利用大学资源、外交使领馆区和CBD资源），实行课程招标。同时，要求教师发挥学生的主体性，给学生充分的自主学习空间，使学生的兴趣、爱好和特长得到发展。校本课程的内容选择和组织主要围绕以下四方面：学生与自然的关系；学生与他人和社会的关系；学生与文化的关系；学生与自我的关系。同时，学校将研究性学习作为校本课程建设的重点，强调兼顾以解决学科问题为研究主题的研究性课程和以提高解决实际问题能力为逻辑主线的社会问题研究性课程两方面内容。

二、校本课程建设存在的问题

（一）重视兴趣，忽略学术

校本课程注重兴趣就会忽略课程应有的学术性。校本课程着眼于学生的需要，往往忽视学科领域的核心，因而远离学术性。学生当然欢迎兴趣浓厚的课程，但这会造成选课扎堆现象，导致学校的软、硬件资源配套跟不上。另外，教师开发的校本教材与专业领域的材料在品质上可能不相适应，教师开发校本课程时是否认真考虑隐藏在学科领域中的大量材料是值得考虑的问题。如果校本课程都过于偏重趣味性，教学效果肯定欠佳。校本课程要通过趣味性去完成它的学术性，而不是通过趣味性去单纯地实现其趣味性本身。

（二）思想观念不到位，缺少文化支持

校本课程可以说是课程改革"赋权增能"的要求，相对是一件新生事物，对于信息闭塞的地区，校本课程的发展非常不易，这些地区的教育管理者认为校本课程和升学率无关，他们在思想上还未走近校本课程。"西北民族地区教师不要说身心'走进'校本课程，有的甚至从思想上还没有'走近'校本课程""部分教师从思想深处还没有跳出'上高中考大学'的认识藩篱"。每个学校都有特有的文化，否则，其校本课程开发也不会做好，像有的学校竟能把校本课程开发成高考辅导的第二课堂，这些现象与校本课程开发的初衷背道而驰。

（三）对课程资源的投入不足

校本课程开发需要一定的人力、物力和经费。如果对其投入的成本不高，结果会无法预期；效果好的校本课程开发往往需要大量的资源投入，这样，学校会有一定的财政压力。因此，在学校条件不足的情况下，校本课程开发面临的困难非常大。

三、校本课程建设的对策

（一）正确处理兴趣和学术的关系

在校本课程建设中，要处理好兴趣和学术的关系。我们可以在初期和专

家联合编制校本课程，既不失教师的主体地位，又可以参考专家的指导意见。另外，还可以和兄弟学校联合编制校本课程，但这一措施要实地考察兄弟学校的各项条件。

（二）摆正思想观念，深化政策学习

教师要科学地看待课程改革中的观念、方法，坚持"一切为了学生的发展"，全面考虑学生的需要。强化现代思想观念，真正读懂什么是校本课程，用积极的心态去面对。通过学习相关政策，形成正确的课程价值观，课程并不全是为了升学服务，更不能以此为价值尺度评价一门课程。教师应以开发校本课程为己任，这样才能真正为学生服务。

（三）加大教育投入

建立健全校本课程建设的投资管理体制。任何事情都以经济为基础，校本课程开发离不开经费、人力和物力的支持，所以，教育经费要充足，提升学校的设备水平，减轻教师负担，满足创造性的校本课程开发。

（四）提高教师课程开发能力

校本课程建设为教师的创新提供了广阔空间，因此，教师应全面提升创新能力，为校本课程建设建言献策。各教育主管部门应加强教师培训，提升教师各项素质，从而提高教师的课程开发能力，只有这样，校本课程开发才能走上正轨。另外，教师应加强师德修养，加强对每一个学生的关心，多元智力理论表明，每个学生都有其特点，教师应关注每个学生，这样校本课程开发才能成功。

四、校本课程建设需要以核心素养为引领

（一）学生层面：有助于培养学生适应社会发展的必备品格与关键能力

课程是学校教育的要素之一，课程的灵魂就是培育学生的核心素养。而校本课程作为国家课程、地方课程的重要补充，作为学生提升综合素质、彰显个性的重要手段，也必须以核心素养为根本指针，这将有利于培养学生适

应现代及未来社会所需要的素质，促进学生养成有助于自身发展的必备品格与关键能力。

基于核心素养的校本课程建设摒弃把学生看作静态的知识接受者的传统观念，更加关注学生的自主发展和社会参与，从而将学生纳入校本课程建设的过程中。学生合作开发校本课程，在体验中感悟，在互动中创新，这不仅有利于激发学生的课程学习兴趣，提高课程学习质量，而且从长远来看，还有利于培养学生的参与意识、合作精神、实践与创新能力等。

（二）教师层面：有助于提升教师的专业素养

积极参与校本课程的建设是教师的权利与职责。在过去的校本课程建设实践中，或因为权利被忽视、因为知识经验不足，大多数教师并未真正发挥作用。教师由此形成了狭隘的专业教育观，沦为课堂上的教书匠。核心素养引领下的校本课程建设对教师的教育教学能力提出了更高的要求，同时，也为教师专业素养的提升提供了一个契机。具体而言，校本课程建设敦促教师自觉研读核心素养的内涵，比较、借鉴国内外学校基于核心素养进行校本课程建设的做法，锻炼教师将核心素养的要求渗透进校本课程目标制定、内容选取、实施及评价的实践能力。教师在参与以核心素养为指导的校本课程建设过程中，能够得到系统培训与专家指导，能够与其他教师交流合作，这些都是实现教师专业发展的有效途径。

总之，以核心素养为引领的校本课程建设，将会成为教师提高专业素养的广阔平台。

（三）学校层面：有助于实现学校文化的特色化

校本课程建设目前存在一个很严重的问题，就是缺乏目标导向和核心价值理念的引领，导致学校对校本课程内容的选择很随意。核心素养的重要意义在于它能够为校本课程的建设提供目标指引和理论框架，从而保障各个学校在建设方向上的适切性与一致性。并且，校本课程也是彰显学校文化的一个重要方面。由于各个学校所秉持的价值观念、办学理念不同，所拥有的历史、现实迥异、所处的教育阶段也不一，这就要求学校在进行校本课程建设

时，一定要将"培育学生核心素养"这一目标导向基于学校文化进行分解细化，具体制定适合各个学校的核心素养体系。

第二节 校本课程管理分析

一、校本课程管理的含义和特征

（一）校本课程管理的含义

校本课程管理是学校课程管理的重要组成部分。校本课程管理是指学校根据国家基础教育课程政策，在上级主管部门的指导下，结合学校的实际情况，对本学校所开设的基础型课程、拓展型课程和探究型课程进行自主规范和改进的活动。它是国家基础教育课程管理框架中的学校一级的课程管理，对应于国家一级课程和地方一级课程，并与国家课程管理和地方课程管理共同构成基础教育三级课程管理体系。校本课程管理包括国家课程、地方课程在学校中的有效实施与标准课程的合理开发两个方面。校本课程管理既要科学，又要符合学校的具体实际情况，并不存在一个统一的僵化模式。但是有一点是共同的：校本课程管理都是为了丰富课程的多样性，促进学生的发展。

（二）校本课程管理的特征

1. 强调尊重学生的兴趣爱好

校本课程管理尊重学生的个别差异，根据学生的兴趣和爱好，提供适合学生年龄特点和心理特征的课程，发挥学生的主动性和积极性，使每一个学生寻找到适合自己个性发展的坐标。在教学过程中，教师因材施教，以"学生为主体"，了解和分析学生的需要和发展方向，采用个别辅导的方式，鼓励学生学习的自信心，培养学生的综合素质。

2. 注重教师是课程建设的主体

校本课程管理将课程建设的权力赋予执教教师，形成了教师是课程建设的主人公这一事实。教师在发挥自己的教学特长，规划课程目标，编写教材

内容,进课堂实施教材的过程中,不断行使教师的责任和权力。同时,校本课程管理要求教师对自己的教学行为进行研究,学校安排专家指引,同伴进课堂观课、评课,提高教师驾驭课程的能力。

3.发挥学校的办学特色

校本课程管理的推行扩大了学校在课程上的自主权,使学校拥有了课程的部分决策权。学校可以根据学校已有的办学经验、师资水平和学生特点,发挥学校主动办学的积极性,充分利用学校现有的课程资源,为学生开设丰富多彩、富有学校特色的校本课程,落实素质教育,培养具有创新精神和实践能力的学生,创造出学校的办学特色。

二、校本课程管理方面

(一)目标管理

校本课程目标是一定学段力图促进学生的认知、情感和行为充分而各有特色地发展所能达到的基本要求,是对校本课程所要达到的育人结果做出的预见性反映。校本课程目标源自学校的教育哲学和培养目标。校本课程是以学生发展为本的课程开发,因而,怎样确定一个具有学校特色、能满足学生发展需要的目标是课程管理的首要内容。校本课程目标有总体目标与具体目标之分,学校在确定总体的学校层面的目标之下,要求各门校本课程在开发过程中结合学校办学实际、学生的兴趣需求、课程任务内容等,明确提出具体的校本课程的目标。

(二)内容管理

对校本课程内容进行管理最重要的是课程内容的选择,应根据课程内容选择的基本准则,选取最有利于实现各门校本课程的具体目标。同时,还包括校本课程实施中对课程内容的不断充实、调整,使校本课程日趋完善,这也是校本课程动态性的重要体现之一。在不断选择整合各门校本课程内容的基础上,学校还要进行校本课程体系的构建,使得不同内容的校本课程之间相互配合,有效发挥整体效能。

（三）教师管理

教师既是校本课程的开发者、管理者，也是校本课程的执行者，是影响校本课程品质的直接因素，因此，对教师的管理就成了校本课程管理的重要内容之一。学校只有把教师作为校本课程开发的主体，把开展以校为本、有的放矢、优质高效的师资培训放在首位，才能真正发挥教师在校本课程开发中的主体作用。

（四）学生管理

学生是校本课程的最终指向，他们是校本课程的参与者、监督者、评价者和受益者，没有学生参与的校本课程是无本之木、无源之水。校本课程管理中的学生管理主要是对学生选课的管理和学生校本课程学习成果的管理。学校应注重对学生选课的指导，既说明各门校本课程的主要目标、主要内容、主要特点、适用年级、教学时数及选课方法，又要求教师做好学生选课的指导工作。

三、校本课程管理内容

（一）对校本课程生成的管理

1. 确定合理的校本课程目标

确定合理的校本课程目标是开发校本课程的前提，也是制订校本课程计划的重要环节。校本课程目标与国家课程总体目标应该保持一致，它同国家课程目标在促进学生个性全面发展方面是统一的。校本课程目标的确定要结合学校的实际和学生的兴趣、爱好。为此，学校需要组织力量进行深入调查研究，了解学校课程发展和学生的需要、教师开发校本课程的能力及校内外课程资源状况等。校本课程目标要能充分体现学校的办学指导思想和学校的特色。

2. 确定校本课程的类型

在明确了校本课程目标之后，学校需要根据其目标确定校本课程的类型。校本课程的类型可分为：基础性课程、丰富性课程、发展性课程。校本课程

的目的是为了发展学生的兴趣爱好、拓宽和加深知识面、培养特长，从而促进学生的全面发展。因此，校本课程应该以发展性课程为主。

3．选择校本课程的内容

校本课程的内容具有广泛性，但不管其内容多广泛，都离不开课程内容选择的一些基本原则。施良方先生认为，课程内容的选择有三条准则：注意课程内容的基础性；课程内容要贴近生活；课程内容要与学生和学校教育的特点相适应。

（二）对校本课程实施的管理

1．对课程资源的管理

课程资源是指形成课程的因素来源与实施课程的必要而直接的条件。课程资源在校本课程开发中占有相当重要的地位，没有课程资源的广泛支持，校本课程开发只是空谈。因此，在对校本课程实施管理中，很重要的一点就是对课程资料的管理，通过对课程资源的管理，因地制宜地开发和利用各种课程资源，更好地实现校本课程的目标。

2．对校本课程课堂教学的管理

课堂教学是校本课程实施的中心环节，也是课程管理的重要环节，校本课程的课堂教学管理应纳入学校的日常教学管理当中。

（三）对校本课程评价的管理

评价在课程管理中具有促进和导向功能，对校本课程进行公正客观的评价可以促进校本课程开发。相反，如果对校本课程做出错误或不公的评价，那么将会阻碍校本课程开发的顺利进行，甚至偏离方向。

1．对校本课程评价目的的管理

《基础教育课程改革纲要》提出，要"改变课程评价过分强调甄别与选拔的功能，发挥评价促进学生发展、教师提高和改进教学实践的功能"。这不仅反映了现行我国中小学课程评价发挥的主要功能和目的指向，也对学校管理课程评价目的提出了要求。校本课程评价目的的管理包括下面内容：第一，重视课程评价对学生学习和发展的激励作用，促进学生全面发展；第二，学校要利用课程评价,激发教师专业学习和发展的愿望,而不是依据评价结果对教师进行奖惩;第三,学校应该通过课程评价,发现校本课程中的问题,广泛听取教师、学生及家长的建议,从而促进学校课程的发展。

2．对校本课程评价方法的管理

学校要组织力量,并寻求与相关专家的合作,建立科学合理的评价指标体系。学校和教师应根据课程的性质和特点,选用适合的评价方法,应综合运用多种评价方法,实现课程评价的多元化,如质的评价与量的评价相结合、形成性评价与终结性评价相结合等。

3．对校本课程评价结果的管理

对校本课程评价结果的管理主要解决的两个问题:如何通过评价确立校本课程的地位;如何对校本课程实施结果做出正确的评价。

第三节 校本课程管理策略

一、校本课程管理的有效策略

如何加强校本课程建设是摆在我们面前的一个非常现实的理论与实践课题。对此,我们要明确校本课程建设的具体策略,将校本课程建设转化为教育教学行为。

(一)专家引领策略

在校本课程开发工作中,可采用专家引领的策略,即向高等院校"借脑",聘请专家学者直接走进中学课堂,讲授校本课程。例如,可聘请大学教授作为校本课程主讲教师,开设现代传媒、播音主持、舞蹈艺术、美术设计等课程,有效促进学生的个性化发展。

(二)名师示范策略

课程建设需要教师群策群力,相互学习,共同分享资料与灵感,发挥教师集体的合力。但是,教师集体合力的形成,需要"领头雁",需要学科带头人。我们应努力创造条件，充分发挥本校名师在校本课程建设中的引领和示范作用。

（三）分步推广策略

校本课程建设不可能一蹴而就，而是一个循序渐进的发展过程。我们可以采取"滚雪球"式的策略，将校本课程建设的成果分步推广。要基于学校迫切需要解决的问题和有利的教育资源，选好校本课程建设的突破口，一旦校本课程建设取得初步成果，就应及时总结经验，扩大宣传，推广应用，吸引更多的教师参与到校本课程建设中来。

（四）多元评价策略

在校本课程建设过程中，对教师和学生都应建立科学合理的考评体系。就教师而言，校本课程建设中的评价应以促进教师的专业化发展为目的，而不是简单地对教师的工作划分等级和评定优劣。就学生而言，学习校本课程的评价应以能够引导学生自主学习，提高自身综合运用知识的能力和创新能力为宗旨，将学生的知识、能力与综合素质作为考试考核的目标。

二、校本课程管理的五个要点

（一）规范性

课程开发的过程是从试验到定型再到推广的过程。具体程序为：拟订课程开发计划—审核课程纲要—编写教学设计或校本教材—确定教学对象—开展试验、定型、推广—总结、评价—修改完善。

（二）适切性

选定课程的主题应该考虑：适合特色学校建设的需要，从本校实际出发，所选主题要尊重学生兴趣爱好，激活学生潜在的需求，注重学生参与体验，服务学生个性发展。

（三）多样性

课程的内容应该注重丰富性和实用性，提供丰富多彩的课程，满足学生多样性的需求，增加学生选择的自由度，同时让学生学以致用。

（四）激励性

建立课程开发的内部反馈和激励机制、内部评价和改进机制；营造民主、宽松、积极追求成功的氛围；对主动参与课程开发的教师给予一定的激励；提供资源，尽力提供各种设备、经费、器材、场地、图书资料等，满足教师的需要；把握课程对学生、教师和学校发展的实际效果，实行动态的管理和多元的评价。

（五）开放性

加强专业对话、沟通协调和合作，促进经验分享，加强和引导教师与同事、课程专家、学生、家长及校外人士的广泛合作、交流和研究，让校本课程开发的过程成为教师接受继续教育的过程，成为开展教育研究的过程，从而提升教师专业发展水平。

三、校本课程管理督导评估策略

（一）督导评估方法

1．学校自评

学校自评的主动意识、务实态度和科学精神是督导评估是否有效的关键。学校要坚持实事求是，认真履行组织程序，建立校本课程管理的自我评价制度；要组织教师、学生、家长或社会各界，通过问卷调查、座谈会、个别访谈等形式，获取对校本课程管理的评价信息，并及时根据评价信息调整发展规划。

2．督导评估

在自评的基础上，以过程性评价为重点，采取随访和成果申报相结合的方式进行督导，关注发展变化，关注因地制宜。对形成特色的学校实行成果申报制度，采取逐级上报、随机抽查的方式开展；对一般性学校采取随访制度。在督导时，除查阅资料外，重点应关注校本课程开发给教师、学生发展带来的变化，和家长、社会对活动开展的满意度。督导评估结束后，要形成一定的文字表述，指出优点、不足及发展方向。

（二）督导评估重点

1. 校本课程规划

校本课程的开发必须以学生的个性化发展为基础，以满足学生的需求与兴趣为前提，符合当地社会文化特点与发展需要，立足于所能依托的教育资源，不求大、重特色、重可行性。必须坚持调查，要有相应的调查数据。此外，还要明确校本课程开发在三级课程管理中的关系，为学生提供可选择的、多样化的课程，并且课程结构要合理。

2. 校本课程实施

依据课程规划有步骤地实施校本课程，明确校本课程开发的各项流程，形成大事纪要，备有文字和图片资料，便于查证。要满足教师专业发展的需要，建立或健全以校为本的教研制度，提供必要的有效培训，努力创造教师参与课程开发的机会，提升教师专业素养，并引领教师申报开发课题。教师在课程实施之前或过程中，要开展不同层次的教研活动，完善课程纲要，撰写课程实施建议以及课程评价建议。

3. 校本课程评价

建立教师、学生、家长及其社会各界参与学校课程管理的机制，形成不同层次的评价量表。创造必要的机会，让他们参与课程评价，形成反馈意见。教师实施评价分自评和他评两个方面。自评主要通过教师用批判的眼光审视自己的实施过程，梳理实施过程中的有益探索和宝贵经验，教师还要撰写总结或进行行为反思；他评主要是学生、家长对教师的满意度测评，要有测评数据记录。

4. 校本课程保障

学校应成立校本课程委员会。校本课程委员会除校长、相关教师群体和学生外，还要吸收课程代表、家长代表和社会代表参加。校本委员会主要负责制订《校本课程规划》及相配套的各项计划、方案、制度，审议教师申报的校本课程，协调各项工作，指导与评估课程实施。教导处负责编制课程表，组织实施各门课程，反馈纠正实施中出现的问题。

5．校本课程成果

校本课程成果主要有学校成果和师生成果。学校成果指学校的办学特色已经在一定范围内形成影响或予以推广；师生成果指师生在校本课程领域所撰写的论文、案例、作品等，予以发表、展览或被各级教育部门表彰。

第三章　校本课程实施与评价

第一节　校本课程实施

一、校本课程实施的含义

校本课程实施是指一所学校把依据本校办学理念和教育哲学思想开发的课程内化为每个学生的知识、技能、情感、态度和价值观的过程。对校本课程实施的理解，大致有以下几种：

一是课程实施是把课程计划付诸实践的过程，它是达到预期目标的基本途径。二是课程实施是把某项改革付诸实施的过程，它不同于采用某项改革（决定使用某种新的东西），实施的焦点是实践中发生改革的程度和影响改革程度的那些因素。三是校本课程实施是校本课程付诸实践和走进课堂的过程，它是校本课程开发过程中的重要阶段。

二、我国校本课程实施的问题

（一）概念模糊，影响品质

虽然我国在校本课程的实施上已经迈出了历史性的一步，有了一个好的开端，但是许多人对于校本课程发展的真义何在、校本课程发展需要确立什么样的教育理念以及课程的运行机制和条件、如何具体实施校本课程开发、如何建立校本课程的评价体系等，却知之甚少、知之不深，以致学校和教师在校本课程的问题上各执一词，引起不少误解。

（二）定位过低，权力分享不足

我国的课程发展仍然是在"自上而下"的课程管理模式下进行的，因此，校本课程只是国家课程和地方课程的重要补充，并且从课时上规定了各类课程的比例：国家课程占80%左右，地方课程占5%左右，校本课程占15%

左右。显然，学校的课程自主权是非常有限的，而包括课程标准、课程计划乃至教材（主要是核心教学科目的教科书）在内的国家课程仍然是学校课程的主体。

（三）教师的课程意识与课程开发能力薄弱

在影响校本课程实施的众多因素中，教师课程专业能力的发展是具有决定性的因素，换言之，教师是发展校本课程的主体或主角。校本课程的发展需要教师有新的思想、信念、能力和热情，单靠行政命令无法完成。没有教师的专业发展就没有课程发展，课程实施最重要的是要通过教师把一个好的课程构想转换成学生的实际经验。然而，我国校本课程的实施并没有真正把教师的课程专业发展纳入视野，无论是职前教师发展还是在职教师发展，都没有同校本课程发展很好地配合起来。

（四）偏于技术的取向，缺乏文化的重建

我国校本课程的实施策略是技术取向的，强调的是一套事先设计好的教学机制，并试图借助于课程实施方案的合理性和科学性以增强其合法性，进而在现存的学校文化和科层结构之中实施校本课程，以取得预期的效果。事实上，这只不过是课程发展者的一厢情愿，因为，校本课程的实施如果忽视了政治过程和学校文化的创新，就必然要导致失败的命运。缺少政治和文化的思考，没有学校新文化的建构，实施课程改革的效果就不会理想。就我国而言，学校的组织结构在整体上还缺乏变革，新的学校文化尚未建立，仅仅从技术层面来处理校本课程问题，往往流于形式，所谓的技术课程只不过是装饰性的"花边"，其效果是可想而知的。

三、校本课程实施需要运用个别化教学模式

校本课程实施是将通过规划、组织而形成的校本课程方案或计划付诸实践的过程，也是在校本课程理念指导下，使校本课程方案或计划进入教学过程的过程。

校本课程本质上是体现为人本化和主体化特征的课程，是体现为彰显个

性、差异性、多元相融性、动态性等特性的课程。因而，校本课程的实施特别强调个别化教学。个别化教学通常是指以各个"教"和"学"的个体的条件、特点和需要为出发点，围绕着发展个体的主体性和个性的目标，并注重以服务社会为原则，以学生自我管理和自主学习为活动方式的教学。个别化教学强调"教"的活动让位于"学"的活动，强调从学习者本人出发，把教学的对象变成学习的主体，使受教育的人成为自我教育的人，强调学习者是教育教学活动的中心，强调课程内容、学习方法等，由学习者根据其心理倾向和内在动力自由确定。个别化教学可以运用个别教学、小组教学和班级教学等多种教学组织形式，以及多种教学组织形式相融合的形式进行教学。可以看出，个别化教学并不是教学的一种形式，而是可以运用各种形式去实现个性化发展教学目标的结构。正因如此，个别化教学组织结构下的课程不是一种分成几个同等重要章节的课本，而是以一个个单元或专题的方式呈现、单元之间可以转换、具有相对独立性的学习材料。学生学习不再遵循线性路径，而可以按照不同的知识水平和兴趣特点选择一条最佳路径，各人的时间、进度都可不同，从而使学习呈现出多样化。

校本课程实施需要进行个别化教学，而个别化教学是通过其具体的模式而实现的。模式通常是指体现事物的本质和一般特点的基本结构或基本样式。个别化教学模式是反映注重个体发展和个别差异教学理念的相对稳定而具有自主特征的教学活动框架结构。个别化教学模式包括掌握教学模式、策略教学模式、创造思考教学模式、情景教学模式等多种多样的模式类别。

四、校本课程实施的相关建议及对策

（一）树立校本课程实施的新观念

教育部门和学校领导应该加大对校本课程实施的力度，让学生家长、学生，尤其是教师对校本课程有个系统的、清楚的认识，树立起崭新的校本课程实施观（教师、学生、家长都重视校本课程的实施，使其促进学生的全面发展），形成实施校本课程的强大动力，保证校本课程的顺利实施。对社区周围人群也要加强宣传，充分利用学校周围的资源，把校本课程在课程结构

上弥补国家课程和地方课程的作用发挥到极致。

（二）营造校本课程实施的新氛围

校本课程的有效实施离不开教育部门和学校领导的正确组织，学校领导应该和校本教师一起学习校本课程的教育理念，更新传统的教育理念，鼓励教师积极主动地实施校本课程，使更多的老师参与到校本课程实施中去，营造出实施校本课程的氛围。学校领导应定期组织教师进行校本课程教学或实施方面的经验交流，以实现共同进步。应适当减少校本教师在其他课程方面的任务，以使教师有更多的精力投入到校本课程的实施中去。

（三）培养校本课程实施的新生力量

教师在校本教学方面具有专业的知识和基本技能以及意识，是成功实施校本课程的一个极为重要的因素。学校应组织相关教师参加必要的校本培训，如请一些专家到学校做相关的讲座，与其他学校进行一些学术上的交流等，逐渐培养出一批学者型、研究型、专家型的教师，为校本课程的实施注入活力。

（四）满足校本课程实施的新需要

校本课程开发涉及校内外的许多方面，需要大量的课程资源作为保障。学校的硬件教学设施也是保障顺利教学的必备条件。许多学校缺乏实施校本课程的人力、物质、财政和信息资源。教学设施的数量不足，质量低劣，又缺乏购买教学设施的资金保证。为适应校本课程的教学要求，学校应该积极努力筹资进行硬件建设，竭尽所能争取社会各界的帮助，充分利用学校周围市区所独有的资源。

（五）规范校本课程实施的新行为

要形成实施校本课程的新行为，校内人员尤其是校本教师应该努力提高自身的素质，在校本课程实施中有明确的定位，激发实施校本课程的积极性，认真参与到校本课程实施的教学活动中来。学校制度的制定，如奖惩制度、听课评课制度、校本课程实施制度、教师培训制度等，要规范、完整、明细，增加校本教师对校本课程实施的信心，这些都是顺利实施校本课程的前提。

（六）把握校本课程实施的新关键

从一些学校实施校本课程的成功经验来看，要保证校本课程的健康有序实施，必须具备学生喜欢、业务支持、行政监管等条件。只有学校所选的校本课程是学生喜欢的，学生的积极性才能被调动起来。实施的过程还需要各方面的支持，还要有必要的监督人员及时发现问题、提出问题并加以解决，这也是校本课程实施成功不可或缺的。

（七）实施的课程要体现学校特色

每个学校都有自己的特色，这些特色是学校在长期的办学实践中逐渐积累形成的，并且这些特色在学校中以不同的形式存在着。有的是以学校的教学形式存在，有的是以学校课外活动的形式存在。校本课程的实施应该根据学生的需要结合学校及社区的独有资源，形成学校自己的特色。校本课程的来源可以是源于学生、报章杂志和网络，还可以采用现场教材，以促进学生自身的全面发展，促进学校教育的优化发展。

第二节　校本课程评价

一、校本课程评价内涵及理念

（一）校本课程评价的内涵

1. 以学校为主体、各类人员广泛参与的自我评价

评价作为校本课程开发过程中的一个重要组成部分，学校理所当然是课程评价的主体，有责任制订配套的评价方案，组织实施评价，以学校为评价主体，使评价具有较大的独立性、自主性和灵活性。评价完后可直接诊断、改进课程，具有较高的效率和针对性。评价主体除了学校的管理者之外，还应包括教师、学生、社区有关人员、家长等的参与，形成一个由与校本课程有关的各类人员广泛参与的评价主体网络。他们均是校本课程开发实施的相关人员，对此有较深的了解和体会，具有较大的发言权。通过各相关人员的集思广益，可从各种角度完善校本课程。

2. 以促进校本课程发展为目标的发展性评价

校本课程评价也是一种发展性评价，它区别于选拔性评价和水平性评价，更注重诊断、激励和发展。校本课程评价要关注学生的需要，关注学生和教师的尊严和感受，注重发挥评价的促进作用。发展性评价在学生评价上，注重将评价结果恰当地、及时地反馈给学生，从而使其对自身有个全面、客观的认识，并以此为依据，完善自身的不足，得到进一步的发展。在教师评价上，可以使教师看到课程自身的缺陷，激发教师继续改进和完善的欲望，从而使教师在某一方面的知识得到拓宽，能力得到加强，综合素质也随之提高。在校本课程自身的评价上，强调以改进为本，建立促进校本课程健康发展的评价体系。

3. 贯穿于课程开发始终的全程评价

校本课程开发包括环境与需求分析、课程目标设置、课程组织、课程实施和课程评价。各个开发阶段是一个连续的、动态的、循环反复、不断完善的过程，它的每一个环节都需要通过评价来不断完善和修订。评价是对校本课程开发的各个步骤进行价值判断，从而进行理性决策的过程。

具体来说，校本课程评价应包括对校本课程本身的评价和校本课程效果的评价两部分。校本课程本身的评价包括对学校背景、课程目标、课程内容和课程实施的评价。校本课程效果评价主要是指校本课程实施对学生、教师和学校的影响。评价不是校本课程开发工作的终结，而是作为校本课程开发的一个重要环节。

4. 体现"以人为本"理念的多样化评价方式

校本课程评价体现了"以人为本"的理念，不仅注重学生在学习课程中身心的发展，更注重教师在开发实施校本课程中专业素质的提升。教师在评价学生时，要注意学生本身的学习基础和各年龄段学生的特点，不能以划一的标准去评价在不同发展阶段的不同的个体，要针对学生个体间的差异进行评价。另外，校本课程的实施者除了本校的教职员工外，还可以是校外的专业人员和社区有关人员等。因此，校本课程评价不可能只有一个固定的模式，它必然会因课程内容、实施方式、时间和地点的不同而采用不同的评价方式。

（二）校本课程评价的理念

校本课程开发是民主、开放的课程决策过程，需要一个开放的、动态的评价体系，体现参与、互动、对话、合作、民主和多样性的原则，需要学校和其他有助于课程评价的机构之间相互交流，需要校长、教师、课程专家、学生以及家长和社区人士共同参与评价，需要通过多种渠道获取信息、建议和意见来共同推进和完善校本课程的实施。评价不仅要关注结果，更要注重学生成长发展的过程，有机地将量化评价和质性评价相结合，将评价贯穿于校本课程实施的全部过程中，使评价实施动态化、连续化、日常化。

校本课程开发的前提是尊重学生、学校和社区的独特性与差异性，所以，课程评价必须突出本校的课程特色，充分尊重学校师生以及学校和社区环境的独特性和差异性，强调在自我反思、自我体验的过程中，使人的自主性得以健全发展。学习者在班级与学校交往中、在学习活动中，通过随时随地的自我反思和体验，不断地理解知识、重构知识、认识自己，觉知到自己的进步和缺失，体验新的创造和重大意义的顿悟和发现。学习者在自我评价和体验中，不但可以激发主体精神，而且能最大限度地实现自我价值。

校本课程的开发目标决定其内容的多样性、融合性、综合性、针对性。这就要求评价注重对学生综合素质的考察，学习成绩仅是其中的一部分。要更多地关注学生的创新精神和实践能力的发展及其身体、心理素质、学习情趣、积极情感体验等方面的发展。教师是校本课程实施的组织者、促进者，也是课程的开发者和研究者，那么，评价也需关注教师的发展和情感体验以及对教师成果的反馈，以激励教师为目标，充分调动教师教学的积极性和主动性，进而不断提高其教学水平。

二、校本课程评价的特点及意义

（一）校本课程评价的特点

1. 以学校为评价主体，各类人员广泛参与的评价

校本课程的开发和实施一般都是由教师来完成的，因此，校本课程的评价不应当仅由学校的管理者来参与，而应更多地由教师来参与评价。校本课

程又以满足学生的需求为目标，学生也必须参与到课程评价中来。另外，一些独具特色的校本课程还需要课程专家、家长、社区共同参与进来，这样，学校在掌握自主权的同时可以集思广益，从各种角度完善校本课程。

2．一种以形成性评价为主的评价

学校开发实施校本课程的目的主要是在学校现有的条件下，开发适合学生身心特点，发展学生能力，适应现代社会发展需求的课程，以满足社会、学校、个人对不同课程的需求。因此，这种课程不强调升学、甄选的功能，而侧重于学生个体身心的发展。在这种目标指引下，课程评价应该以形成性评价为主，以终结性评价为辅。

（二）校本课程评价的意义

1．诊断与分析

肯定成绩、找出问题及其原因，并设计出针对性的"疗法"与"处方"，是诊断与分析的基本含义。评价的作用之一在于提供关于评价对象优缺点的反馈，即获取评价对象的各类信息，发现教育活动的成功与不足之处，发现问题、寻找原因、通过分析、提出解决问题的对策。校本课程评价作为教育评价的一种，更需要发挥校本课程评价的诊断与分析的作用。在进行校本课程开发之前，应首先了解学生的需要，诊断、分析当时当地的开发情境及学校内外已具有的各项软硬件资源和潜力；在校本课程的实施过程中，利用评价的诊断分析职能，了解课程与学生两方面的情况；在校本课程实施之后，诊断、分析学生的学习成效及校本课程本身在哪些方面还有不足之处，为后续的课程开发提供依据。

2．反馈与交流

校本课程的反馈作用是指评价者将有目的地、系统地采集的有关评价对象的信息及其意义，传递给评价对象或相关人员，然后搜集他们的返回信息，以此来实现评价信息的循环，借此不断修正评价对象和评价者的行为。通过反馈作用，校本课程评价活动可以不断提高自身的合理性、准确性和有效性，逐渐深化对于课程现状与目标之间可能存在差异的认识，并以此为依据实现对课程的调节与控制。

校本课程评价的交流作用是指校本课程评价活动的参与者，包括校长、教师、学生、家长及社区有关人员和课程专家等相互之间互换信息。通过交流，评价的各方参与者加强认知与情感的互助，由此促进人们自我反思、相互学习、取长补短、共同进步。同时，通过交流可以使评价信息能在参与者各方之间迅速传递与反馈，有利于校本课程的连续性发展。

3．改进与激励

改进的主要含义是及时反馈信息，调控行为，促使评价对象不断完善与优化。与诊断相比，"改进"着重于提供关于"进步"的描述和对教育的促进作用；与"鉴定"相比，"改进"要求对目标本身的合理性进行判断并改善。现代评价学之父泰勒曾指出："我们愈来愈期望用目标评价程序来确定学生实际发生了怎样的行为变化，我们达成的课程目标到了什么程度，以及为了得到一种有效的教育计划，我们还必须在什么地方做进一步的修改。"之后，斯塔弗尔比姆也指出："评价最主要的意图不是为了证明，而是为了改进。"校本课程作为学校自主开发的课程，它需要不断修订、不断完善的过程，因此，需更注重评价的"改进"之用，促进校本课程的发展，从而更有利于学生的发展。

评价还具有激励作用，校本课程评价应更多地把评价活动当作是为被评价者提供一个自我展示的平台，鼓励被评价者展示自己的努力和成绩，激励学生们不断进取。

4．为科学决策提供依据

校本课程是一个逐渐完善的动态发展过程，在这一过程中，需要对诸多的课程方案、教学策略、评价方法与手段等进行选择，以做出科学的决策。这就需要发挥校本课程评价的作用，为决策提供详细的信息依据，在事实的基础上进行决策。

校本课程评价作为校本课程开发中一个必不可少的环节，它既是一种导向机制，又是一个质量监控过程，并贯穿于校本课程开发的始终。

三、校本课程评价的方法

(一) 按评价的依据来分：目标本位评价法与目标游离评价法

目标本位评价是以课程或教学计划的预定目标为依据而进行的评价，通常要判断的是目标实现的程度。它的特点是标准清晰，任务重点集中，易于把握；其要点是在对校本课程的评价过程中，紧紧围绕校本课程在各阶段的分目标，不断地将现实的情况与目标相比，并不断修正校本课程的实施过程，以使现实情况不断靠近预定的目标。校本课程的实践尚处于试点、探索阶段，一方面，校本课程预先设定的目标可能并不十分科学，还有待进一步完善；另一方面，在校本课程的实践过程中，可能产生许多非预期效应（其中有些非预期效应可能是消极的，但也有不少非预期效应是积极的），因此，如果一味地局限于预定目标实现的评价，就不可能有效地发挥校本课程评价的诊断功能和促进发展的功能。

为此，在开设校本课程总的思想指导下，没有必要完全拘泥于预定目标，在必要的时候可以抛开目标对评价的约束，游离于具体目标之外，试图通过对校本课程的全面评价来判断它是否符合教育者和学生的需要。这样，开设校本课程的环境会显得更加宽松，校本课程对于教师的发展和学生的成长将起到更大的作用。

(二) 按评价的主体来分：内部人员评价与外部人员评价

内部人员评价的长处在于评价者了解课程设计的内在精神和技术处理技巧，评价的结果也进一步用于课程方案的修订和完善，其不足之处在于评价者可能囿于自己的设计思想，不能客观、公正地进行评价。外部人员评价正好相反，评价者虽然对于计划的内部思想不太了解，不能深入到实际教学过程，但却有更为开阔的评价视野，能够全面、客观地进行评价，因此，二者应相互借鉴。要特别注意内部人员——教师、学生的自评，通过评价活动诊断、改进课程，促进教师的专业发展和学生的主体性发挥。

（三）按评价信息收集的方式来分：问卷调查法、访谈法、量表法、行为观察法、成果分析法

一般在学校实施校本课程之前，进行一次问卷调查，做好原始记录，待校本课程实施一段时间以后，再做一次问卷调查，然后将前后两次的调查结果进行对比并作出分析。访谈法是评价者与被评者之间进行有针对性谈话的评价方法，谈话双方只有开诚布公，访谈才会产生有价值的信息。在校本课程评价中，访谈法是外部人员进行评价时使用较多的一种方法。量表法的量表种类很多，如兴趣量表、态度量表，它们不是传统意义上的正规测试，不必评定等级或打分，更没有及格与不及格之分，评价者采用这些量表可以了解教师与学生对校本课程的兴趣、态度等。行为观察法是评价者根据校本课程的目标，按照一定的观察计划，用感官或借助有关的辅助工具，对学生在参加校本课程学习后的行为变化进行观察、记录、分析的方法。校本课程作为国家课程的重要补充，只有通过自然情境下的观察或有选择性地观察，才能对校本课程在培养学生这些方面的作用做出评价。成果分析法是通过对教师、学生在参加校本课程学习后所取得的成果进行分析，虽然样本课程主要是一种形成性评价，但这并不意味着教师和学生的学习成果不重要，事实上，这些成果可以在很大程度上反映校本课程目标实现的情况。

（四）按评价结果的处理手段来分：量化评价法与质性评价法

量化评价法对于划分等级和排队鉴定来说，具有可比性强的特点，如果对其使用恰当，确实能凸显教育现象和教育问题，提供有说服力的证据。质性评价方法力图通过自然的调查，全面充分地揭示和描述评价对象的各种特质，以彰显其中的意义，促进理解。量化评价与质性评价相结合是一种力图兼顾多种评价目的的表达方式，针对校本课程评价的特点，在评价过程中，应以质性评价为主，但在可以量化处理的情况下，尽可能做量化处理。

四、校本课程的评价

评价指标内容既要比较全面，又要突出重点。为了比较真实地评价校本

课程开发和实施情况，指标内容必须全面。但一项校本课程的开发和实施涉及很多方面，在评价时不可能面面俱到。

对校本课程的评价应以实施情况评价为主。目前，学校存在对校本课程重开发轻实施的情况，有些学校投入很大人力和物力开发校本课程，但开发的课程未得到很好的实施。学校开发的校本课程只有认真实施才能发挥其应有的作用。作为负有教学管理任务的地方教学研究部门，应该通过评价导向改变这种状况，让校本课程真正起到促进学生全面发展的作用。

校本课程实施的真实情况应采用多种方法获得。校本课程实施涉及学校领导、教师、学生等人员，以及教材、场所、设施等物质条件，必须采用与有关人员座谈、实地查看资料和设施、现场考查教师和学生等多种方法获得。各种方法获得的情况应相互比对验证，以保证获得情况的真实性。

第四章 初中道德与法治课程

第一节 初中道德与法治情感教育

一、情感教育

(一) 情感教育的概念与内涵

根据《教育大辞典》的解释,情感教育是以培养学生道德感、美感、理智感为目的和内容的教育。人的高级情感具有道德、理智、艺术等方面的社会价值,这些高级情感是以人的社会现实、社会行为、人际关系、社会文化为内容的。情感教育是以直接促进学生的情感发展为目的,是为学生个性的和谐发展服务的。这里所说的情感是广义的情感,其发展过程包括情绪、情感、情操三个阶段。情绪是与生理的需要、较低级的心理过程相联系的内心体验。情感(狭义)是与社会需要、人的意识密切相联系的,是人的社会性需要是否得到满足而产生的体验。情感是在情绪基础上经学习而发展起来的,且情绪又是情感的表现形式。情操是一种更加高级、更加复杂的情感,它与具有更大社会意义的社会需要相联系,是一种最深厚、最稳固、最坚定的个性化高级社会情感。情操也往往以情绪的形式表现出来。情感发展的三个阶段彼此联系,有机交织在一起,因此,情感教育不仅包括对个体情绪、情感、情操的教育,还包括培养个体良好的情感支配和调节能力,也就是现在所谓的情绪智力,增强个体的创造力和社会适应性。

谈到情感教育和情绪智力,我们不得不了解一下国外情绪智力的研究。1995年,在戈尔曼的《情绪智力》一书中,情绪智力被界定为五个方面:认识自身情绪的能力;妥善管理情绪的能力;自我激励能力;认识他人情绪的能力;人际关系的管理能力。国内对情绪智力的重视也正是从《情绪智力》问世开始的,这一情绪智力概念的界定比较通俗,但并不完善。

情绪智力是在后天的学习与生活中,通过不断有意识地培养与锻炼而提高的。情感教育理应承担起这一责任,学校也应把培养学生良好的、逐渐发展的情绪智力作为情感教育的目标和任务之一,纳入情感教育中来。因此,情感教育的主要目的和任务是促进学生形成与社会时代精神相适应的情感价值体系和良好的情感品质。它包括学生积极的学习态度和良好的学习品质的培养,积极的社会高级情感的培养和情绪智力的培养。

(二)情感教育是当下学校教育的本质性问题

教育是发展人的,人的心理由认知领域和情感领域构成。认知是人对客体的判断,情感是人的内心体验,是人这个主体对客体是否满足自身需要而产生的态度评价和情绪体验。从本质上说,情感是人的一种价值取向,是主体对他人、他事的一种认识和能动反映,包括价值观、人生观等心理品德层面。人的发展是按照认知、情感两个向度进行的,即通常所说的认知与非认知向度。心理学研究已经表明,人的心理过程是认知与情感交互作用,人的心理发展应当是两者平衡,互相作用、互相提升,否则,其发展势必受到影响。现代社会过度渲染物化社会的发展,教育也随之高度关注强化人的认知世界,由此引发的问题日益凸显,学生普遍厌学,产生自私、冷漠、缺乏爱心等问题,走向极端就是厌世、犯罪。现在的学生普遍感到压力大,"活得太累",这本不该是他们应该有的感受,这却已成为学校教育面临的一大难题。为此,许多教育、社会和心理学界的学者提出21世纪的人类文明建设的核心就是进行人类情感世界的重建。

毫无疑问,学校应在人的情感培育上承担重要职责。教育是认识人、理解人、发展人的,对人的认识和发展只能从情感开始。在本体意义上,教育就是对人的情感、心灵的培护。朱小蔓提出"教育应把人的发展、提升看作重要的教育目标,而关注人的情感发展是教育中的一个本源性、根基性的问题。因为,只有情感才是真正属于个体的,它是内在、独特的,是人类真实意义的表达"。这是与21世纪国际教育发展相一致的,在这种教育发展背景下,新课程改革提出了新的课程目标——情感教育。

情感教育就是关注学生情感、态度和价值观，促进学生健康发展的教育，它对受教育者的全面成长，尤其是人格的成长具有非凡的人伦价值。道德智慧的形成、情感体验的升华、人格健全的程度、社会适应性的高低等都与情感的发展密切相连。情感教育能使学生更好、更健康地从自然人向社会人发展。这样的人能有一个健康、快乐的情绪、情感；这样的人能友善地与人相处，能理解、宽容他人；这样的人能对生活、学习、工作充满热情，勇于克服困难；这样的人能热爱生命、热爱自然、热爱生活、热爱人类。因此，有人说情感教育就是幸福教育、愉快教育。这是21世纪教育的真谛所在，是当下教育所应追求的。

需要指出的是，我们提出情感教育并不是把情感教育看作游离于学校教育之外的、单独的什么教育，其实情感教育就是学校教育的一个有机组成部分。我们强调情感教育是因为目前的教育对情感培养的漠视，我们倡导情感教育是对现行教育的补偏救弊，是要呼唤教育的情感回归，是要实现教育关怀人的本质。

二、初中道德与法制教育融入情感教育的必要性

（一）我国的应试教育传统根深蒂固

我国的初中教育一直是延续了传统的教育方法，也就是应试教育的方法。在学校中，教师一般只关注学生的文化课成绩和排名，而对学生成绩之外的关注非常少，造成了一些学习成绩好的学生只知道学习，但是却"不会学习"，这也就是对在学校所学的知识不知道如何利用在现实生活中，不能运用所学知识解决现实生活中的问题，只是单纯地为了学习而学习，或者说是为了考试而学习，这样做就失去了学习的意义。而对于一些学习成绩稍差一点的学生，这种应试教育的方式涉及考试、排名，那些学生因为成绩不好，在排名上就比较靠后，得不到教师的关注和欣赏，从而变得越来越厌学，如此恶性循环下去，学生的学习成绩也就不会有多大的提高。在初中开设道德与法治这门课，并不是要提升学生的文化课成绩，而是为了增强学生的思想道德水

平和摆正学生的三观，树立学生优良的思想法治道德观念。学校对这门课程不会像语文、数学、英语课那样去定期进行考核，受到学校教师和学生的过多关注，学校中以学生成绩为主的思想观念还依然根深蒂固。

（二）初中生缺乏情感教育

道德与法治这门课程的主要目的是让学生们树立正确的人生观、价值观和社会主义荣辱观，立德树人是这门课的主要教育目标。这就说明了道德与法治这门课和初中其他文化课的课程教育方法和教育目标都是有所不同的，传统的理论知识灌输对于这门课来说并不适合。但是，许多教师并没有认识到这一点，还是按照传统的教学模式对学生进行理论性的灌输。因为没有意识到这门课程在初中教育中的重要性，所以教师也没有想要改变自己的教学模式，这使得学校中并没有培养出优秀的道德素质出色的人才。因为缺少情感教育，所以学生们在学习的过程中很难产生共鸣，成绩也就难以提升。

三、创设情感教育的道德与法治教学氛围

（一）充分发挥教师的情感带动作用

在初中道德与法治教学中，教师要带给学生积极正面的情绪，要亲切和蔼、面带笑容，使学生感受到轻松愉悦的课堂气氛。学生会在教师情绪的感染下转变心境和学习态度，以积极饱满的学习热情投入课堂学习中。

（二）关注学生心理特点，丰富情感教育形式

教师需要对学生道德与法治课堂的学习态度、学习情况、学习成效有客观了解。传统道德与法治教学侧重于理论的讲解和灌输，学生对抽象枯燥的理论观点接受能力较差。再加上当前社会思潮复杂多样，学生会受到拜金主义、功利主义等错误思想的影响，这些都会影响学生对道德与法治教学的接受度。因此，教师需要通过情感教育的强化来培养学生正确的价值观和人生观，为学生营造更浓厚的情感教学引导环境，使学生在特定的情感氛围中获得共鸣。在教育形式上要灵活多样化，通过网络多媒体丰富情感教育形式，同时通过朗诵、短剧表演、课外实践、社会调查等形式将道德与法治课堂从

课内延伸至课外,以此培养学生关注时事、关注社会的行为习惯,强化学生的公德心和社会责任感,从而使初中道德与法治情感教育具象化、实践化。

(三)为学生创设更生动的情感教学情境

情境教学是道德与法治教学创新的一项重要元素,情感教育情境的创设有利于学生在学习过程中产生更生动的"沉浸感",进而产生强烈共鸣。

四、初中道德与法治课中情感教育的优化策略

(一)在初中道德与法治课的备课过程中渗透情感教育

在初中道德与法治课的备课过程中,教师不仅要把课程知识传授给学生,更要注重把文化理念、积极的态度、正确的价值观念传授给学生。学校中的道德教育工作都是依赖于道德与法治学科教学中德育的实施,因而,初中道德与法治教师要把情感教育充分体现在备课过程中,正确把握课堂讲解目标,预设要表达的情感案例或情境。

(二)在初中道德与法治课的导课过程中渗透情感教育

融入情感的导课很容易使初中道德与法治课的教学氛围更加和谐,教学任务完成得更加轻松,教学效率会更高,能进一步激发学生学习初中道德与法治课的兴趣,有利于提高初中道德与法治课的教学效率。例如,在教学"做更好的自己"一课时,教师通过影音等形式播放歌曲《我真的很不错》创设教学情境,让学生合唱。大部分学生都熟悉这一歌曲,在轻松、愉悦又放松的教学氛围中专心学习,激发了他们很强的兴趣和浓厚的好奇心。

(三)在初中道德与法治课的课堂教学过程中渗透情感教育

教师把情感教育渗透在课堂教学过程中,能够实现师生教学相长。例如,在教学初中一年级道德与法治课的"享受学习"一课时,教师可以大胆地突破课本条条框框的限制,要求学生从自己的生活实际出发,参加以"学习并不痛苦"或者"学习很快乐"为主题的辩论赛。通过激烈的辩论和思维的碰撞,学生的情感很快融入教学中并达到了极致,实现了很好的情感教育教学效果。

（四）在课外活动中渗透情感教育

要想实现道德与法治课的教学任务，教师应该重视课外实践活动，通过课外实践活动实现道德与法治课程中的情感教育，这也是实现道德与法治课程情感教育目标的重要途径。教师可以组织一些有趣的主题班会、重要的报告会、有知识趣味性的演讲比赛等课外活动，鼓励学生积极参与并进行才艺展示，在这一过程中，他们的情感可以得到充分释放，从而达到情感教育的目的。

初中道德与法治课程的情感教育是十分重要的基础教育。在课堂教学中，教师既要关注课本内容的教学，又要关注学生将来的生活，培养他们热爱生活的态度，培养他们遵纪守法的意识，全面提高学生的道德与法制素养，使学生成为社会主义现代化建设的合格接班人。

第二节 道德与法治教学模式

一、生活化教学模式

（一）生活化教学模式的内涵与价值

生活化教学模式就是依托认识与情感的双重作用，将相似的知识相互关联，引起共鸣，对思维习惯进行有意识地培养。在初中道德与法治教学中，就是围绕课程目标，借助相关的内容，发挥学生想象创设合理的情景。利用情景来吸引学生的注意力，激发学习兴趣，更重要的是，能够唤醒学生的主体意识，积极主动地去获取知识。这一思想意识的培养，极大提高学生学习热情，强化对于道德与法治知识的理解与认识。此外，生活化教学模式具有极高的趣味性，这一特点与初中生心智非常契合，有利于学生的学习，达到寓教于乐的目的。我们常说兴趣是学生情感体验的来源，认识则是提升知识能力的保障。初中生由于认识的局限，对于一些道德与法治知识并没有获得真正的感受，也无法理解初中道德与法治教学的重要性。生活化教学模式针

对这一现象,在利用生活化教学模式开展教学的过程中,可以缩短学生与学科的距离,使学生在主观感受中认知道德与法治的存在。

(二)如何有效应用生活化教学模式

1. 培养学生的学习兴趣

初中阶段的学生对生活中各类事物都充满了好奇心,教师在学校的道德与法治课堂中也应该正确认识初中生的这一特点,将教学活动与实际生活相结合,用生活化事件作为桥梁来连接学生已有的知识和将要掌握的知识,来激发学生的学习兴趣,促进学生课堂注意力的集中,从而有效提高课堂教学效率,增强教学效果。例如,初中道德教学活动中有一堂课程是讲述友谊对一个人成长的重要性,此时,教师可以让学生在课余搜集一些自己同好朋友的合影或成长过程有趣的事件,以视频或者讲故事的形式在课堂上同其他同学分享,这样不仅能勾起同学们的美好回忆,能更直接有效地让同学了解到友谊的美好和在成长中所起到的重要作用,还能改变传统教学模式的枯燥乏味,为以后的课堂教学奠定良好的基础。

2. 营造生活化的教学情境

良好的开端是课堂教学顺利进行的基础,有趣的教学情境才是课堂教学顺利进行的保证,初中教材中的道德教育和法制教育内容多是来自生活案例的,其目的在于让学生对这些事件进行了解和评判,形成自己的价值观和生活观。但是在实际教学活动中,很多教师发现学生对其中的某些案例并不是很感兴趣,原因是这些案例与学生的实际生活较远,这种脱节现象大大降低了学生的学习兴趣。因此,教师可以主动营造贴近学生生活的教学情境,激发学生的学习兴趣。例如,教师在讲述"网络教学新时空"这门课程的时候,可以安排学生准备一台以"网络社交"为主题的情景剧,让学生寻找社会中人们在网络社交中遇到的典型事件,通过对过程和结局进行夸张化的表现,提高学生在网络社交中的自我保护意识,生动活泼的演出在课堂上是一种全新的表现形式,学生在其中不仅能够自由发表自己的意见,还能体会另一种课堂，这对增强课堂效果很有帮助。

3. 开展生活化课外实践

丰富多彩的课外实践活动是初中教学工作不可或缺的组成部分，课外实践活动是课堂知识在课堂外的延续，这可以在很大程度上加强学生对课堂知识的理解与课外实践，一方面能增加学生的阅历，增强其生活能力；另一方面可以让学生在生活中印证课堂上学到的道理。例如，教师在给学生讲授"珍爱生命"这一课题的时候，可以带同学们去当地的烈士陵园、抗震救灾博物馆等具有纪念意义的地方参观学习，学生可以一边参观一边听教师讲述其背后的真实事件，体会生命的伟大，从而对生命充满敬畏之心。这种课外实践活动带领学生走出教室，走向社会，可以给学生带来独特的学习体验。

4. 布置生活化课后作业

布置课后作业的目的是帮助学生巩固课堂上学到的知识，课后作业并不一定局限于纸质作业，教师可以布置一些生活化的课后作业，让学生在生活实践中完成作业。比如，教师在讲授"孝道"这一课题的时候，可以给学生布置一些同家长共同完成的作业，例如，给妈妈洗脚、帮爸爸擦车之类的课后作业，这种形式的作业可以改变学生对传统作业的认识，增强学生在完成这项作业后的成就感和满足感，也在很大程度上拉近了学生与学生家长之间的关系，对初中生的心理健康和成长都具有十分重要的意义。

二、体验式教学模式

（一）初中道德与法治教学中实施体验式教学的必要性

传统的初中思想政治课多采用灌输式教学，老师滔滔不绝地讲，学生被动地听，教学和学习成效主要通过考试成绩来衡量。然而，思想政治教学的最终目的是培养学生的思想道德和性格品质，培养学生正确的情感态度和价值观，传统刻板的教学方式和评价方法与思想政治教学的目标背道而驰，严重影响了课堂教学效果。体验式教学关注学生的认知特点和规律，通过创造情境，呈现或再现教学内容，使学生在亲身经历、体验的过程中获得知识和

情感的建构,发展能力,涵养品格。在初中道德与法治课堂中实施体验式教学,符合初中生的认知特点和规律,是对学生主体性的尊重与彰显,能够有效提高初中道德与法治课堂教学效果,有利于学生良好道德品质与法治意识的形成。

(二)初中道德与法治课中应用体验式教学的作用

新课改的不断深入,要求教师在实际课堂教学中要突出学生的主体地位,以学生为中心,培养学生自主学习能力及团队合作意识,将掌握的知识运用到实际中,使学生更加适应社会的发展需求。但是,很多教师并没有改变传统的教学模式,课堂教学以自己为中心,只是按照教材一味地向学生传授知识,忽略学生被动接受知识的感受。如果初中教师在道德与法治课堂中运用传统的教学模式,不仅不会有效提高学生的基本能力,更不能提高学生的道德素质,久而久之,学生会厌烦这门课程。将体验式教学应用在道德与法治课堂教学中,能够使学生在实际体验中学习知识,感悟道理。这样的课堂教学充分地突出了学生的主体地位,以学生的个性发展展开教学,使学生真正地融入课堂教学中,激发了学生的学习兴趣,从而在很大程度上提高了初中道德与法治教学的质量。

(三)道德与法治课中应用体验式教学的策略

1. 创设具体情境,实施体验教学

创设具体情境,实施体验教学对初中道德与法治具有十分重要的作用,可以将理论化的内容融入故事类和情境类当中,帮助学生更好地理解和掌握学习内容,提升教学效果和课堂教学质量。因此,教师在课堂教学中要通过多种手段创设具体内容情境,降低理论学习难度。

如人教版《增强生命的韧性》课程,其主要目的是帮助学生了解生命的力量,学会克服挫折。在教材内容当中,有很多思维导图和小故事来印证挫折,表述什么是挫折,应该怎么样解决挫折。因此,在教学设计中以图片的形式来导入具体教学内容,帮助学生了解什么是挫折,第一张图片是一个小女孩在地上哭"爸爸妈妈外出工作很久没回家,孩子真想他们";第二张图片是一个学生没有考好"考砸了,又该挨批评了";然后教师拿着两张图,让学生回答哪一张算挫折情况。教师通过引导的方式,让学生参与到课堂学习当中,激发学生主动参与课堂的积极性,学生在分析图片的时候,从具体情境出发很容易就可以确定第二张图片情境是挫折的表现,要在后续过程中努力学习,提升学习成绩。此时,我们都认为成绩浮动是正常的,那么当我们遇到成绩下降时,教师询问原因时,自己的感受又是什么呢?想让教师以什么形式来沟通呢?以此提问学生,通过这种方式,学生很快就融入了学习当中,也引发了学生对挫折的共鸣。

创设具体情境实施体验教学是非常必要的,教师在教学过程中要根据教材内容和学生的情况,创设不同的情境,积极利用教材中的故事和图片来作为引导,唤醒学生对情感的共鸣。只有这样,道德与法治体验教学才能真正落到实处。

2. 角色扮演游戏,实施体验教学

角色扮演游戏,实施体验教学是初中道德与法治教学的必然选择。课堂教学中很多内容和理论都与学生生活有距离,特别是涉及一些法律内容和常识时,由于学生没有法律概念,其对具体情境的法律规定理解并不是很明确,而通过角色扮演游戏的方式,可以让学生在角色对话中找到理解问题的切入点,提升教学效果。

如人教版《隐私和隐私权》课程教学中,教师就发现一些学生对隐私和隐私权的理解并不是很正确,在课堂开始前,教师让学生举例子说明什么可以被称为隐私?此时,很多学生提出了隐私就是不让人知道,比如"在自己家,自己的房间就不让父母进入,这个就是隐私的表现"。教师组织学生分角色扮演,一个扮演父母,一个扮演学生,将学生在家中如何保护自己的"隐私"演绎出来,此刻,教师让学生讨论这是不是隐私。学生表演完成以后,教师又组织学生根据教材中的故事"小雪今天去买衣服,看到一件自己很喜欢的裙子,于是到试衣室试衣,无意中发现那里装了摄像头,小雪觉得被侮

辱,有一种很不安全的感觉,于是找到商场经理理论。商场经理解释说近来商场失窃多,该行为只是为了防盗,摄像不会公开",进行分角色扮演,来演绎这个过程。然后教师提出这两个角色扮演游戏都已经演完了,教师让学生判断这两个"隐私"是否一样。

通过角色扮演的方式可以帮助学生更好地理解教材中的内容,树立正确的学习和思想观念。角色扮演游戏应该放在第二课时阶段或者课题的后半部分,尽量不要作为导学设计。这是因为角色扮演过程中应该体现学生对教材内容的理解,而不是自己固有思想的重现。

三、道德与法治教学模式中社会主义核心价值的融入

(一)基于实际情况,让课本回归社会与生活

教材是教学的根本依据,但教学需要老师才能实行,这就需要老师根据自身的生活经验,将道德与法治课课本与生活相结合起来。举例需要来源于生活,教师可以实地取材,发现初中生所熟悉、所了解的事情进行讲解,选择一些具有代表性的实例作为举例,使学生对社会发展有一个全新的认识,对道德与法治课课本知识与实践也能更好结合。比如,在七年级课本第一章"新学校,新生活"这一课中,就可以利用周边环境改变的图片来给学生进行对比教学,比较周围环境的改变,在网上收集一些学校的老照片,在课堂上通过PPT的形式,放映给学生看,看完之后让同学们自己回去拍摄现在的学校,然后老师再以图片对比的形式展现给学生看,学生会发现时代在进步,学校的环境越来越好,娱乐设施越建越多。之后,老师再引入一些课本知识。通过这样实际的范例,学生会更深刻地了解自己的新学校。

(二)实地取材,在课堂上建立正确的社会主义核心价值观

生活是最好的老师,一切事物都来源于生活,道德与法治课课本知识的有效利用也需要结合生活,实地取材教学。学生只有真正地身临其中才会货真价实地有所感悟,通过亲身观察、思考、实践等获得知识。在教学中教师应该多组织一些课外活动,不仅只是局限于课堂上面,让学生在生活中学习,

让他们身临其境扮演生活中的角色，从中学会生活与做人，建立良好的生活方式和优秀的品德，学会善待他人、谨慎交友。例如，举办一个周末春游活动，让学生们提前自己准备自己在春游之中需要的东西，春游之中教师就带着学生们一起看风景、一起拍照、一起爬山，午餐时候，教师选择一个宽阔的草地，让同学们自己开始吃午餐。学生们在其中学会了分享，朋友之间可以亲切地交谈玩耍，不管是秘密还是食物都可以分享；在爬山的过程中也学会了互相帮助，高个子的同学可以帮助女同学拿一些水杯等小东西，这样增进了师生关系、同学友谊，有利于班级团结，增加了班级凝聚力，让同学们感受到了集体生活的快乐。同时，也感受到了大自然的美。老师通过适当教学，让同学们可以在社会中去感受道德与法治，去建立正确的社会主义核心价值观。

（三）科学教学，实现道德与法治课教学生活化

改变传统教书的模式，可以以生活为切入点，每一堂课的学习都加入生活的因素。由于初中阶段的学生自我思维能力还不够强，没有形成自己的学习方法，所以，老师需要适当地改变教学模式。久而久之，学生就会形成这样的学习习惯，认为课本知识都来源于生活中，这样他们才会热爱生活。特别是道德与法治课本来就来源于生活，大多时候完全可以抛开传统书本教学，直接传输生活化知识。此外，还可以把生活教学直接加入课本教学中去，充分利用各类资料，创新教学课堂。

第三节　道德与法治课程思考

一、道德与法治教学开展现状及其意义

（一）道德与法治教学开展现状

因应试教育的影响，初中道德与法治教学始终未能受到人们重视。道德与法治并不属于考试范畴，而面对学生升学的压力，多数教师和家长并不会将道德与法治课程看得很重，所以，道德与法治教学势必得不到良好的开展，

也不能发挥出其自身深层次的价值。许多教师自身对道德与法治学科的认识就不够透彻,更不用说学生对这一学科的认识了,这一情况直接造成了道德与法治教学的滞后性。受传统道德与法治教学的影响,部分教师在实际教学中一味地向学生灌输理论知识,认为将教学内容讲述完毕,学生就可以将道德与法治学科的学习内容完全掌握。这一想法是极为片面的,若教师过分关注自身的教学进度,而忽视学生对道德与法治知识的掌握情况,就一定会将道德与法治教学变为一具空壳,看起来庞大、坚实,实则内部极其空洞。

在讲述道德与法治课程时,教师往往会采用文字讲述的方式进行教学,但道德与法治知识本就是枯燥乏味的。在这两种枯燥性的相互作用之下,势必会导致学生丧失对这一学科的学习兴趣,甚至会对这一学科产生厌烦与抵触情绪,使得教师的教学非常困难。

对于初中阶段的学生而言,虽说自身愿意接受新鲜事物,但就总体情况来看,其接受新鲜事物的能力存在不足。他们可以理解一些浅显的道德与法治知识,但若遇到抽象的道德与法治知识,就难以对其有充分的理解。在此情况下,若不及时对学生的疑惑予以解决,就会造成疑惑的堆积,使得初中生很难再获得道德与法治学习水平的提高。但就现阶段教师的教学情况来看,许多教师并不具备良好的教学能力,很难为学生提供有效的帮助,来缓解以上问题。

(二)道德与法治教学开展的意义

1. 预防未成年人犯罪的重要路径

"少年强则国家强",初中生的发展成长事关祖国的未来发展。因此,维护好初中生的身体和心理健康是国家建设发展的重要任务。初中生思想认识处于半成熟状态,世界观、人生观和价值观尚未完全形成,当自身权益受到侵害时,多数情况下不会利用正确的途径维护自身合法权益。随着社会经济的发展和网络普及,许多不良信息充斥网络世界,进入大众视野。初中生由于不懂法律知识,缺乏法治观念,极易受社会不良现象的迷惑与引诱,走上违法犯罪之路。道德与法治课程作为初中生法制教育的主要阵地,肩负着

法制教育的重要责任,通过在道德与法治教学中实施法制教育,能够使初中生懂得法律基本常识,养成自觉遵法守法的习惯,减少违法犯罪行为,在合法权益受到侵犯时,能够运用法律武器维护自身的合法权益。

2. 实现人的社会化的主要渠道

社会化是个体由自然人成长为社会人的过程,是个体同他人交往,接受社会影响,学习掌握社会角色和行为规范,是形成适应社会环境的人格、社会心理、行为方式和生活技能的过程。个人通过社会化过程学习、认同和掌握社会规范,并将社会价值观念内化。一般说来,社会文化的核心内容包括社会规范和价值体系两部分内容。

我国的价值体系中最主要的是社会主义核心价值观,社会规范则包括最主要的法律规范和道德规范。初中生尚未真正步入社会,对社会上各种行为准则、法律规范知之甚少,缺少法治意识,极易走上违法犯罪的道路。因此,在道德与法治教学中实施法制教育,使学生了解宪法和法律的规定,帮助学生树立法治意识,增强爱国主义情感,懂得权利和义务的关系,遵守法律并能运用法律武器维护自身的合法权益,同时,自觉履行公民的义务,努力学习,为国家和社会做贡献。在此基础上,使初中生知法、懂法、守法和正确用法,明确自己在社会中应遵守的行为规范,培育自己的社会主义核心价值观念,从而实现人的社会化。

3. 建设社会主义法治国家的内在要求

中国特色社会主义社会要求建设社会主义法治国家,而建设中国特色社会主义法治国家的核心是依法治国。公民是社会的主体,坚持依法治国,建设社会主义法治国家,要求公民知法、守法、懂法,能够履行法律规定的权利与义务。初中生是我国公民的重要组成部分,必须学会知法、守法、懂法和正确运用法律。依法治国的主体是人民群众,初中生作为人民群众的一部分,代表着祖国的未来,因此,建设社会主义法治国家必须重视对初中生进行法制教育。道德与法治课程是对初中生进行法制教育的主阵地,教师在课

堂中向初中生传授法律知识,通过引导学生进行实践,使初中生知法、懂法、守法并学会在实践中运用法律,为中国特色社会主义法治国家建设打下基石,更好地促进中国特色社会主义道路的建设与发展。

二、开展道德教育,加强学生的道德意识

初中生具有很强的可塑性,其中,性格与行为方式最为突出。因此,教师在教学中要根据这些特征,组织学生开展道德与法治熏陶教育,加强其道德的意识,具备正确的道德善恶与好坏标准,让学生形成道德自律,内化道德情感。

(一)提高学生的道德认知

道德的正确认知是道德教育的前提基础,也是道德情感、意识、行为后续的条件与支撑。因此,在初中课堂教学中,教师要让学生了解和掌握基本的公民道德标准或者学生的行为规范等,让学生对自己的行为规范有一个正确的认知。其中,教师要通过生活中的案例,启发学生对道德与法治有自我的价值标准,从而提高学生的道德认知。

(二)升华学生的道德情感

在日常的道德教育中,教师可以利用生活中感人的道德事迹,激发学生内心的道德情操,让学生对美丑、善恶有正确的价值判断,升华道德情感,端正道德品质和人文情怀。例如,在进行道德与法制教育时,教师可以组织学生观看"感动中国"的感人事迹,启发学生内心的道德情感,让学生在内心中产生情感的认同,在心灵的震撼中认同道德的价值意义。

(三)开展道德教育活动

初中时期,教师要多组织学生开展有关道德与法治的活动,这对锻炼学生的道德意志是非常重要的。通过各种道德与法治活动,让学生学会在面对诱惑时坚持自己的原则,逐步强化学生持之以恒的道德意志,使学生在学习、生活中都能够有恒久的、稳定的道德行为。

三、开展法制教育,培养学生法律意识

对于初中阶段的学生,需要了解和掌握一些基本的法律常识,在日常生活中,自觉树立法律的权威性,依照法律的规范实施合法的利益,也要尊重和维护他人的合法权利。所以,开展法制教育是非常必要的。

(一)树立正确的法律认知

随着社会的发展,初中生的违法犯罪新闻频频出现,最主要的原因就是初中生的法律意识淡薄,甚至就是空白。因此,在初中日常的教学中,教师要给学生经常普及基础性法律常识,以生活中实际案例教导学生,加强法律规范教育工作,让学生树立法律意识。

(二)营造良好的法治校园氛围

构建道德与法制教育,需要教师定期地组织法律规范讲堂和法律知识宣传活动,让学生在实践中加强学生的法律意识,营造出浓厚的法律学习氛围,使学生真正地了解和掌握基础性法律常识。例如,教师可以组织学生制作法治主题的黑板报,绘制法治宣传画册,定期开展法律宣传活动等,不仅可以加强学生的法律积累,还可以让学生自觉树立法律的意识。

四、初中道德与法治教学的相关思考

(一)探究新课改下初中道德与法治教学的新思路

初中阶段是学生自身观念形成和建立的重要阶段,初中道德与法治课程良好地呼应了中共中央关于全面推进依法治国的战略布局,对学生的教育实现了一手抓德治,一手抓法治,建立了学生形成良好道德素质的意识,有效地建立了学生的法律意识。初中道德与法治课程的教学质量对学生有着重要的影响作用和意义,因此,道德与法治课程需要注重在新课标和素质教育的要求下,不断地转变自身的教学观念,优化自身的教学思路和模式,不断地提升初中道德与法治课程的教学质量。

1. 不断地转变教师自身教学的观念

在新课标要求的背景下,道德与法治课程需要不断地进行改革和创新,

全面地贯彻党的教育方针,不断地调整和改革道德与法制教育的课程体系、结构、内容,注重构建符合素质教育要求新的道德与法治课程教育体系。新课标将原先的思想品德课程改为道德与法治课程,就是希望能够有效地提升我国初中生道德观念和法律意识。因此,在新课标的要求下,需要道德与法治教师不断地改变自身传统的教育观念和思想,从应试教育的观念逐步转向素质教育的观念。

2．构建良好的师生关系

要想有效地落实新课改的要求,真正有效地实现道德与法治教学的目标,就需要注重构建良好的师生关系。教师要想真正有效地落实教学的目的,就需要注重充分地调动学生的主观能动性,提高学生的自主学习能力。有一句话叫"亲其师,信其道",在实际教学过程中构建良好的师生关系可以有效提升教师和学生之间的默契度,提高课堂教学的质量。因此,在实际的初中道德与法治教学过程中,教师要想有效落实新课改的要求,就需要认识到自身不仅是传道授业解惑者,还是学生的朋友,在实际的教学过程中应当尊重和赏识学生,在新课改的要求下注重构建新型的师生关系,对于班级中每一位学生的成长、进步和学习过程中的问题要及时地与学生进行交流,表达自身关爱之心,在课堂中营造良好、轻松、快乐的学习氛围。

3．注重教学情境的创建,提升学生的兴趣

新课改要求初中道德与法治课堂教学需要注重不断优化自身的教学模式,创建良好的教学情境,提升学生对于道德与法治课程学习的兴趣。因此,在教学过程中,可以把道德与法治教学的内容结合多媒体技术,有效地提升学生对于道德与法治学习的兴趣,不断提升实际教学的质量,实现课程教育的现代化。

4．注重将实际的理论知识联系实际

道德与法制课程在初中教学过程中是重要的一门教学学科,在新课改的要求下,需要注重将实际教学的内容结合实际的生活,有效地推动学科逻辑向生活逻辑的转变。注重在实际教学过程中,密切联系学生的实际生活,联系社会变迁、科技发展和初中生成长的需求,科学化地选择教学的内容、组织教学活动,尽可能符合初中生身心发展的特点。不断改变学校教育中生命价值失落、生命话题缺失的状况,建立以学生人格和谐发展为本的德育课程价值观,真正体现为学生道德与精神成长服务。在实际的课堂教学中,教师应当注重有意识地引导学生从现实生活的角度来考虑和解决相关的问题,引导学生从实际生活的角度解决相关问题,用实践来检验、深化对知识的了解。

(二)初中道德与法治学科课堂教学艺术初探

1. 围绕教材目标和主题开展教学

初中阶段的道德与法治课程本身涉及了文化、经济、政治等不同的教学领域,学生在学习的过程当中就有点难度,这无疑提升了教师教学的难度。为了能够使学生养成正确的价值观和人生观,并且全面培养学生的综合素质,教师必须要根据道德与法治教材内容来确定科学合理的教学目标和教学任务,根据实际的学生学习情况和知识掌握程度来制订科学有效的教学方案。教师必须要摆脱传统的教学模式和教学观念对道德与法治教学的禁锢,不断地在课堂中增加一些能够激发学生兴趣和积极性的教学内容。教师需要为学生提供更多参加讨论和交流的机会,不断地在教学过程中推行探究式学习和合作式学习。例如,在进行《敬畏生命》的学习过程当中,教师可以利用多媒体教学设备,搜集一些与生命有关的事件案例,然后利用多媒体教学设备以图片、文字、视频等形式向学生展示出来。教师还可以举一些反面例子,过度吸烟、过度饮酒、酒驾等的案例进行教学,这样能够使学生更好地形成敬畏生命的意识,并认识到生命的可贵,从而使整体的道德与法治教学能够取得相对较好的效果。

2. 加强多媒体教学情境的有效构建

良好的教学氛围不仅能够使学生积极主动地参与到实际的道德与法制学习当中,还能使课堂教学取得事半功倍的教学效果。为此,教师可以以学生感兴趣的内容入手来进行教学情境的构建,利用微课视频和多媒体教学激发学生的学习兴趣,同时,降低了学生的学习难度。例如,在进行《认识自己》

的教学过程当中，课前可以利用互联网收集和整理资料，利用短视频向学生播放乔哈里视窗理论，配以简单的文字向学生进行介绍分析。同时，组织学生在课堂上进行交流和讨论，使学生能够更深刻地了解自己、发现自己，并在学习过程当中不断地努力和探索，从而成为更好的自己。

3．巧妙地引导学生进行思考和交流

在初中阶段的教育过程当中，全面加强道德与法制学科的教学，不仅能够让学生更加地了解相关的法制信息，还能在核心价值观的引导下使学生养成良好的法治思维和道德品质。为了能够加深学生对于道德与法治当中的重点内容和知识的印象，教师可以利用提问的方式引导学生进行思考，或者安排学生进行合作学习和探究学习活动，让学生根据实际的教学需求来进行相关的讨论和交流。学生在交流的过程当中还能够学习到其他学生的优秀学习方法和学习技巧，这样既能让学生养成良好的学习习惯，又能有效地将最近发展区的概念彻底地贯彻到道德与法治的教学过程当中。例如，在进行法制和法治的教学过程当中，为了能让学生分别的对其概念进行了解，并且能够区分二者之间的差别，教师可以让学生在小组当中进行讨论和交流，并且结合教材内容来进行相关的探究学习。

（三）中华传统美德与初中道德和法治教学的深度融合

1．传统美德与初中道德和法治教学深度融合的意义

把传统美德与初中道德和法治教学深度融合有着重要的教学意义，因为在初中道德与法治教学中渗透中华传统美德，能够让教师获得较多的教学内容、资源，形成完整的教学体系，让学生能够在学习初中道德与法治课程过程中不断地提升自身综合素养，从而树立正确的人生观、价值观、世界观，成为国家需要的高素质人才。

2．将传统美德与初中道德与法治深度融合的切入点

（1）以教材主要内容为切入点

在初中道德与法治教学中渗透中华传统美德，务必要围绕课堂教学内容，

不能够脱离了课堂教材内容，这样学生才能够在学习理论知识的同时继承中华传统美德。如果脱离了教材，学生将会降低对该课程的重视程度，从而无法更好地在该课程中渗透中华传统美德。

（2）以学生生活经验为切入点

在初中道德与法治教学中，教师要把理论和实践相互结合起来，结合学生的实际生活案例进行渗透和讲解，这样学生才能感同身受，从而更好地弘扬和学习中华传统美德。

（3）以问题探究分享为切入点

教师在教学过程中要不断地创新教学方法，提高学生学习该门课程的自主性和积极性。兴趣是最好的老师，教师可以采用问题探究分享的方法来提高学生的课堂注意力，在课堂开始的时候提出问题，让学生去分析问题、解决问题，从而在思考过程中有所感悟。例如，教师可以提出一些反面教材案例，让学生去分析案例中当事人行为错误的地方，让学生能够牢记于心，不要犯同样的错误。

（四）培养学生创新意识的途径

1. 转变课堂教学观念，改变德育教学方法

学生创新意识的改变取决于课堂教学思想的贯彻和完善，而学生道德品质的提升则取决于德育教学工作的改变。初中道德与法治教学能否做到目标明确、主题深刻和成果丰硕，关键取决于学校的办学特色和德育教学理念的创新发展。因此，初中道德与法治教学应该是学校领导、授课教师和学生三者和谐统一的德育教育系统工程，只有这样才能取得更好的教育成效。学校领导应该积极编排课堂教学时间，落实各种德育教学实践，组织教师开展专题课堂研讨工作。在授课教师层面，教师应该认真研究课堂教学内容，结合学生社会和生活实践开展课堂教学，组织学生认真观看社会中道德模范事迹和法治教学案例，从而引导学生在思想上认识到道德与法治的重要性。在学生层面，应该认识到道德与法治知识对于指导日常生活和学习的重要性，学

会运用道德观念和法治知识来认清社会生活中的真、善、美,远离假、恶、丑现象。

2. 抓好理想道德教育,弘扬革命传统教育

在初中道德与法治教学中,课堂教学核心内容是对初中生开展爱国主义教育,教育学生从小树立远大的理想,勤奋学习并立志要报效祖国,引导学生更好地了解理想教育和爱国主义的教育理念。在课堂教学中,教师切忌采用空洞说教和案例堆砌来宣导爱国主义教育内容,要学会借助中国近现代历史中老一辈革命家、英雄人物的图书资料、多媒体视频、教育影片来讲解爱国主义的真谛,组织学生体会到现代幸福生活是革命先烈用鲜血换来的。为了拉近学生与理想道德教育之间的距离,教师应该选取近一段时期学生身边的模范人物、先进人物事迹,培养学生学会运用创新发展的思想去感受新时代爱国主义精神,体会时代赋予他们的全新爱国情怀。教师应该结合传统教育中的勤劳勇敢、坚忍不拔、无私奉献、团结奋进的传统美德开展革命传统教育,结合学生的个人特点和生活环境,开展相应的思想教育和传统美德培养。

3. 创新德育教学工作,增强课堂教学针对性

随着改革开放的深入发展和市场化进程的逐步推进,我们的思想领域和社会结构中也出现了很多不和谐的现象,在教育领域突出表现在留守儿童、单亲家庭、困难群体等特殊家庭中。因此,在初中道德与法治教学中培养学生的创新意识,就必须借助学生身边和自身的思想品质动态来创新德育教学工作,需要走出课堂,增强课堂教学针对性。首先,学校要建立留守儿童档案,让留守儿童在学校学习和社会生活中得到无微不至的关怀,保证他们的生活学习能够得到有效保证。其次,学校应该深入每一个学生的家庭中,了解每个学生家庭状态,对于单亲家庭、困难家庭、残疾家庭做到登记在册,给予每一名困难学生物质和生活上的支持,培养他们自信、坚强、独立的品质。最后,针对学生身边的社会丑陋现象,教师应该引导学生运用道德与法

治教学中的知识点来明辨是非，提高自身的抵抗能力和明确是非观念。

五、提高教学效果和教学水平的有效方法

（一）初中道德与法治课堂教学效果的提高策略

1. 灵活的课堂教学方法

学习兴趣是构成学习动机中最现实、最活跃的成分，对于促进学生的学习效果、智力发展、能力培养及教学质量的全面提高有着重要作用。有了兴趣学生才会主动积极、执着地去探索，使学习获得明显的成效。从实际情况看，学生对哪门课感兴趣，便会对哪门课产生强烈的学习动机，萌发积极的思维意识。而学生的学习兴趣是在一定的情景中发生的，离开了一定的情景，学生的学习兴趣也就成了无源之水、无本之木。然而，并不是所有的情景都能对学生的学习兴趣起激励作用，只有那些带有探索因素的问题性情景才能具有强大的吸引力，才能激发学生的学习兴趣。因此，在教学中我们要结合教材的特点，运用多种方式，激发学生的学习兴趣。

2. 富于变化的教学模式

在教学活动中，相容的师生关系直接影响着学生的学习情绪，师生心理相容能提高教学效果。我们常说"爱屋及乌"，对于教育来说，本身也隐藏着这样的问题，不论什么课程，如果学生喜欢这位老师，就相信老师讲授的道理，愿意学习老师讲授的知识，自然就对老师讲的课表现出浓厚的兴趣；学生如果不喜欢甚至害怕这位老师，要想他们对这位老师所授的课程感兴趣是很困难的。所以，我们道德与法治课教师在新课程理念下，要敢于创新课堂，创设新颖、宽松、和谐的课堂教学情景。

3. 关注学生的自主学习状态

道德与法治课程的最大特点是理论与现实生活的结合，而且必须联系变动着的具体的实际。营造民主平等的课堂环境是培养自主学习能力的重要途径，把学生真正看成一个发展中的人，在课堂上要尽可能地为学生提供自主活动的机会，使其真正成为课堂的主人，进而才能培养学生自主学习的能力。

在教学过程中,教师要有意识地设计一些便于学生自主学习的机会,增加学生动手、动脑、动口的机会。因此,启发和引导学生自主学习显得更加重要。

4. 展示现代化教学风采

学生的认识能力是否会有长足的进步,常常取决于我们能否提供一个良好的外界条件。在过去教学中,多数是"照本宣科""填鸭式"教学,教师只是讲讲、写写,学生只是听听、记记,对知识的理解,很多都是抽象的、模糊的,很难真正搞清楚,而现代教学手段的应用恰好弥补了这一不足。

随着科学技术的发展,现代媒体也逐渐走入课堂,广泛用于教学中。应用现代化教学手段,诸如电影、电视,尤其是多媒体计算机辅助教学,代替了过去把黑板、粉笔作为教具的教学模式,既可以提高学生的认识能力,还可以培养学生的学习兴趣,让学生把动画、图像、立体声融合起来,真正做到"图文并茂",把学生带入一种心旷神怡的境界,并且觉得生动有趣,这样就能激发起学生的学习热情,从而产生良好的效果。

(二)初中道德与法治有效教学策略

1. 注重言传身教

初中道德与法治教学的有效开展要求教师能够率先垂范,做一面"镜子",用自己的道德修养、守法表现来潜移默化地影响和感染学生,特别是道德与法治教师要从言谈举止上严格要求和约束自己,做到言行一致、表里如一,这样才能够在教授道德与法治课程时取信于学生。例如,教师在教授人教版《道德与法治》七年级下册中的"行己有耻"时,就可以让学生来监督老师的言行,学生可以指证老师哪里做得不对。在教师的榜样引领下,初中生会去学习和模仿,从而实现对初中生道德与法治的言传身教。

2. 善于倾听学生心声

初中生还没有真正养成良好的道德观念,而且对什么是违法行为、为什么要守法、为什么要建立法治社会还没有得到全面的理解,面对一些社会丑恶现象往往不能够明白是非,特别是现在社会上充斥的拜金主义、享乐主义、富二代等,使不少初中生从思想观念上产生疑惑。这时就需要教师在实施道德与法治教学过程中善于倾听学生的心声，主动到学生中去，与学生建立良好的师生关系，成为学生无话不谈的朋友。这样既能够全面了解和掌握初中生的思想情况，又能帮助学生用正确的道德观和法治观去辨别和分析问题，为学生答疑解惑，使他们能够明辨是非、修身养性。

3. 与家庭教育紧密结合

初中素质教育是以学生为主体的，旨在培养德智体美全面发展的合格学生，而学校教育无论是在时间上还是空间上，都有一定的限制，因此，初中道德与法制教育的有效教学离不开家庭教育。教师要积极与学生家长保持联系，及时向家长汇报学生思想、心理等方面的表现，尤其是涉及道德与法制教育内容的学生情况更要及时进行交流沟通。通过与家长的联系合作，能够帮助教师准确掌握学生在家庭生活、社会活动中的行为表现，以及是否能够做到知法、守法等，便于教师有针对性地实施有效的道德与法制教育。另外，教师在与家长共同实施有效的道德与法治教学活动中，要时刻提醒家长能够做好表率，也就是在平日的生活中，要注重自身的道德修养，能够给自己的孩子做好榜样。这样才能够为初中道德与法治的有效教学提供保障。

4. 积极开展"法治进校园"活动

初中学校领导和教师在道德与法治有效教学上要积极参与到最高检和教育部联合开展的为期三年的"法治进校园"全国巡讲活动之中，主动对接当地的检察院和教育主管部门，聘请检察官、法制教育专家走进校园，为初中生进行法制教育，普及法律知识。在此基础上，检察官、专家和教师，还要与学生、学生家长进行互动，就初中生道德与法治教学如何有效开展进行交流，从而使初中道德与法治的有效教学得以实现。

第五章 初中生法治教育

第一节 初中生法律意识培养

一、初中生法律意识培养的必要性

一个法治国家的公民必须具备相关的法律知识,而初中生正处于人生观、价值观和世界观的形成期,培养并使初中生具备良好的法律意识,使之打下良好的法律基础,这样不仅可以造就一代合格的社会主义事业接班人,而且可以进一步推动我国民主法制化的进程,同时也有利于响应国家的相关政策法规。

(一)初中生法律意识的培养是建设社会主义法治国家的基础工作

我国是具有中国特色的社会主义法治国家,在1999年,"依法治国,建设社会主义法治国家"写进宪法,法律的权威上升到全新高度,"十七大"报告将"社会主义法治理念"和"弘扬法治精神"这两个概念写入党的纲领性文件。党的"十七大"提出"优先发展教育,建设人力资源强国"的战略部署,为促进教育事业科学发展,全面提高国民素质,加快社会主义现代化进程,制定了《国家中长期教育改革和发展规划纲要(2010-2020年)》。初中生作为未来中国特色社会主义事业的接班人,他们是祖国的未来和希望,他们法律意识的高低,素质的优劣直接关系到国家、民族的兴衰成败,也直接影响到依法治国理念的推行、社会主义法治国家目标的实现。因此,加强初中生法律意识的培养具有重要的意义,为给中国特色社会主义事业打下坚实的法制基础,为巩固我国中国特色社会主义法律体系业已形成的成果,必须加强初中生法律意识的培养。

(二)初中生法律意识的培养是实现素质教育的必然要求

1997年,原国家教育委员会颁布了《关于当前积极推进中小学实施须知教育的若干意见》的通知，通知指出素质教育是依据《教育法》规定的国家教育方针，着眼于受教育者及社会长远发展要求，以面向全体学生、全面提高学生的素质为根本宗旨，以注重培养受教育者的态度、能力，促进他们在德、智、体等方面生动活泼、主动发展为基本特征的教育。由此可见，素质教育是以促进学生的全面发展为目的，以提高全民素质为宗旨的教育；素质教育是面向全体学生的教育，是促进学生全面发展的教育，是以培养创新精神和实践能力为重点的教育。国家中长期教育改革和发展规划纲要指出坚持"以人为本"、推进素质教育是教育改革发展的战略主题，是贯彻党的教育方针的时代要求，核心是解决好培养什么人、怎样培养人的重大问题，重点是面向全体学生、促进学生全面发展，着力提高学生服务国家人民的社会责任感、勇于探索的创新精神和善于解决问题的实践能力。

法律意识的培养是素质教育的重要组成部分，通常人们通过对法律知识的学习与理解，逐步形成法律信仰、法律情感、法律意志等，而初中生正处于学知识和形成世界观、人生观、价值观的重要时期，作为中华民族的希望与未来和中国特色社会主义事业的接班人，中学时期法律意识的培养对他们今后的发展将产生深远的影响，他们的素质如何将直接关系到祖国的发展和未来。在这一代人中素质的培养是至关重要的，而在素质教育中法律意识的培养占据着十分重要的地位，法律素质是初中生成才的必备素质，对初中生的成长有着重要作用，既可以为素质教育的实现打下基础，同时也为初中生全面发展奠定了坚实的基础。所以为了素质教育的实现，为了使现代社会每个公民都具备相关的法律素质，必须加强对初中生法律意识的培养。

（三）初中生法律意识的培养是学生健康成长的内在需要

初中生正处于成长的关键时期，同时也具有极强的模仿性，很容易受到外部环境的影响。改革开放之后，随着我国的发展，各种问题的相继出现和各种思想的涌入，都对初中生的健康成长产生了巨大的影响。而由于初中生法律意识淡薄和认识水平、认知能力不足等引发的各种问题层出不穷。导致初中生出现各种问题的原因当然是由多方面的，但初中生法律意识的淡薄，

初中生法律意识的培养没有得到家庭、学校、社会的足够重视是不容忽视的一个因素,因此,为了初中生的健康成长,为了中国特色社会主义事业后继有人,必须加强初中生法律意识的培养,使初中生树立良好的法律意识,使初中生得到全面的发展,为中国特色社会主义事业后继有人打下坚实的法制基础和人才基础。

二、初中生法律意识培养的内容和目标分析

(一)初中生法律意识培养的内容

1. 权利和义务意识

七年级道德与法治课中有一节课是"受教育——法律赋予的权利和义务",让初中生知道公民有受教育的权利和义务,学会用法律维护自己受教育的权利,自觉履行受教育的义务,既要珍惜受教育的权利,又要履行受教育的义务。八年级道德与法治课程中也有法律意识培养的相关内容:首先是法律保护我们的权利,分为两个部分,第一部分是法律规定公民的权利和义务,让初中生理解权利和义务的关系,尊重他人的权利,履行自己的义务;第二部分是法律在公民生活中的作用,让初中生懂得法律通过规定权利和义务规范人们的行为,通过解决纠纷和制裁违法犯罪,维护人们的合法权益。其次是伴我们一生的权利,第一部分是法律保护我们的生命健康权,使初中生知道法律保护公民的生命和健康不受侵害,了解法律对未成年人生命和健康的特殊保护。第二部分是法律保护我们的人格尊严,使初中生学会用法律维护自己的人格尊严。最后是依法享有财产权、消费者权,第一部分是财产属于谁、留给谁,让初中生知道法律保护公民的财产,及未成年人的财产继承权等。第二部分是法律保护我们的无形财产,让初中生树立自我保护意识,知道法律保护公民的财产等。

2. 守法用法意识

在七年级课程中也有关于学会如何依法保护自己的内容,首先,抵御不良诱惑,预防违法犯罪,第一部分是面对生活中的不良诱惑,使初中生自觉

抵制不良诱惑，区分违法与犯罪；第二部分是预防违法犯罪从杜绝不良行为做起，学法就要守法，使初中生自觉遵纪守法，杜绝不良行为。其次，撑起法律的保护伞，第一部分是我们受法律特殊保护，使初中生知道法律对未成年人的特殊保护，增强初中生的自我保护意识；第二部分是未成年人的自我保护，使初中生学习在日常生活中的保护方法和技能，能够用法律同违法行为做斗争。

3. 法治国家意识

道德与法治教材中讲述中国是依法治国的国家，首先，治国安邦的总章程，分为两个部分，第一部分是宪法是国家的根本大法，使初中生树立宪法意识，第二部分是宪法是最高的行为准则。其次，建设社会主义法治国家，第一部分是走依法治国之路，使初中生自觉树立法制观念，增强守法意识，第二部分是加强法制建设，健全法律监督。通过此单元让初中生明白我国是法治国家，走依法治国之路，国家的一切活动都要遵守宪法。

（二）初中生法律意识培养的目标分析

初中生法律意识培养总体目标是让初中生掌握基本的法律知识，做到知法、守法、懂法、用法，学会用法律手段维护自己的合法权益，同时也要履行法律规定的义务。初中生法律意识的培养又可以根据不同时期设定不同的培养，主要分为七年级、八年级、九年级三个不同时期。

七年级时期是让初中生知道受教育既是公民的权利同时也是公民的义务，使初中生珍惜受教育的权利，履行受教育的义务，因为七年级学生法律知识较为贫乏，对宪法等接受起来比较困难，所以在教学过程中必须紧密联系实际。其次是让初中生学会依法保护自己，由于初中生判断是非的能力比较差，自控能力不强，因此必须使初中生增强法律意识和自我防范意识，自觉抵制不良诱惑，提高自身道德修养，增强法制观念，自觉遵纪守法。

八年级时期主要讲的是我们依法享有人身权、财产权、消费权。首先是使初中生理解权利和义务的关系，认识法律在公民生活中的作用，初步培养依法做事的观念、权利观念、义务观念，以及把法律作为首要行为准则的观

念。其次是使初中生知道法律保护公民的生命和健康不受侵害，了解法律对未成年人生命和健康的特殊保护，学会运用法律保护自己和他人的生命和健康，不得侵犯和危害别人的健康、生命和权利，了解法律保护公民的人格尊严不受侵犯，能够自觉尊重他人，运用法律维护自己的人格尊严，知道法律保护公民个人隐私，任何组织和个人不得披露未成年人的个人隐私，能够自觉地尊重别人的隐私。最后是让初中生知道法律保护公民的财产，未成年人的财产继承权和智力成果不受侵犯，学会运用法律维护自己的经济权利，学习在日常生活中自我保护的方法和技能，知道未成年人获得法律帮助的方法和途径，树立自我保护意识，能够运用法律同违法犯罪行为做斗争。

九年级时期首先是使初中生了解宪法是国家的根本大法，具有最高的法律效力，树立宪法意识，在生活中学习宪法、遵守宪法、维护宪法，知道宪法作为最高行为准则是"宪法具有最高法律效力"的重要体现，自觉维护宪法权威。其次是使初中生知道我国是社会主义法治国家，理解有法可依、有法必依、执法必严、违法必究的意义，能够自觉守法维护社会秩序，了解建立健全监督和制约机制是法律有效实施和司法公正的保证，学会行使自己享有的监督权力。

通过初中三年的思想品德学习，使初中生为以后的法律学习打下坚实的基础。由于初中生处于生长发育期，接受能力有一定的限度，所以不能让其进行专业性很强的学习，而是为其以后的全面发展打下坚实的基础，为培养中国特色社会主义法治国家优秀的接班人打下基础。

三、目前初中生法律意识培养面临的问题

（一）家庭教育的功利化倾向不利于法律意识的培养

家庭是初中生接受教育的第一所学校，家长在孩子成长过程中被称作第一启蒙老师，良好的家庭环境对初中生成长起着积极作用，相反，不良的家庭只会造成消极影响，使孩子的品质和思想向不良方面发展。孩子是家庭的，但最后他们还是会走向社会，要使自己的孩子真正成为社会上的有用之人，

不仅在智育上要进行正确的引导,还要在思想教育上加强培养,特别是法律意识的培养尤为重要。父母作为孩子的第一任老师不应认为将孩子的教育问题完全是学校的事情,家长应做好第一道防线的作用,不仅要以身作则,更应注意自身素质的提高,特别是法律意识的提高,因为只有家长树立起高度的责任心和法律意识,才会在思想行为方面对孩子起到良好的模范作用。因此,可以说家庭教育具有很重要的作用,良好的家庭教育能培育出社会栋梁之材,反之,就会培育出无用之人甚至是危害社会的犯罪分子。

在我国,自古至今就存在着"万般皆下品,唯有读书高""学而优则仕""书中自有颜如玉,书中自有黄金屋"等思想,而社会中尤其是在农村家庭中向来有这样一种说法:"只有通过读书才能改变命运",所以父母都望子成龙、望女成凤。而成龙成凤的一个条件就是学习非常好,所以父母都很重视孩子的学习,而忽略了孩子其他方面的发展,诸如法律意识的培养、综合素质的培养等,认为学习好就能代表一切,这也会导致孩子可能学习很好,但其他方面却发展不足。

父母作为孩子的第一任老师对孩子的全面发展有很重要的影响,父母所受到的教育程度、父母所从事的职业、父母与孩子的亲疏关系等都会影响初中生的全面发展,当然这些因素不能决定初中生的发展,但对初中生的发展会产生相当大的影响。

我国正处在社会转型期,在社会上必然会出现一些错误的思想,一些父母对自己孩子的培养也受到社会的影响而出现偏差,比如现在的"官本位""权力本位"等错误思想,在很多家庭教育中是存在的。

(二)学校教育中重"智"轻"德"现象制约法律意识的培养

学校作为培养人才的摇篮,对初中生的全面健康发展有着非常重要的影响。然而学校片面追求升学率,在学校教育中急功近利,学生得不到全面的发展;师资队伍总体素质不高,存在代课现象等,对学生法律意识的培养产生消极影响;在学校教育中教学方法不当及教学内容与实际脱节等诸多因素,同样严重影响初中生法律意识的培养。

首先,从教学方法看,良好的教学方法能促进初中生的全面发展,反之就不利于学生的发展。当下中学的教育方法主要表现为重灌输、重理论、没实践、死记硬背、无实例,往往造成考试前死记硬背、考试结束后一无所知的局面。现在有的地区道德与法治课程成绩不再计入学生总成绩,而道德与法治课程是初中生法律意识培养的主要途径,这在一定程度上又降低了对初中生法律意识培养受重视度,使初中生法律意识的培养途径受到挑战。因此在道德与法治课程中对初中生进行法律意识的培养必须重视教学方法,避免"填鸭式"教学,采用正确的教学方法往往事半功倍。我们应该重视道德与法治课程的作用,它对学生的全面发展起着非常重要的作用。我国常用的教学方法有讲授法、谈话法、讨论法、读书指导法、演示法、参观法、练习法、实验法,这些方法各有优点和不足之处,在教学中教师要注意配合使用。

其次,从教学内容来看,由于学校的条件或者其他因素等,学校教育目前大部分处在传授理论阶段,把课本上的知识教授完毕就算完成教学任务,没有把理论和实际相结合,造成学生理论背得滚瓜烂熟,但却不会实际运用,当遇到问题时往往不知所措。有的教师为了完成教学任务,为了让学生及格就划出重点句子让学生背诵,这种理论和实际脱节的教学对学生的全面发展是极为不利的,必然会对初中生法律意识的培养产生消极影响。

最后,学校应该创造一个良好的法制环境,依法治校,从而为初中生法律意识的培养创造一个良好的学校氛围。例如,学校应该健全管理制度,完善校内管理体制,依法规范教学活动,健全依法治校规范,进行法制宣传等。

(三)社会环境中有法不依的现象对法律意识的培养有消极作用

改革开放之后,国外各种先进的、堕落的、文明的、落后的思想等先后涌入,而学生处于成长期,认识水平、辨别是非的能力有限,往往会受到社会上不良思想的影响。当下的初中生接受新知识快,有便捷的通信设施,因而受到外界不良思想影响,有的学生染上了不良习气。所以,教育者要用正面的、积极的东西引导学生认识世界,形成正确的世界观、人生观。社会的

发展总是曲折的前进,精华与糟粕相互出现,美好的、善良的总要击败丑陋的、黑暗的,正义总是要战胜邪恶,但是初中生正在身体、心理、思想各方面重要形成期,又特别好奇,善于模仿,很容易受到不良因素的影响。不良的社会影响加上没有及时跟进的引导,会给他们留下一段阴影,心理上、思想上、行动上容易走向极端。改革开放以来,社会上形成了尊重知识、尊重人才的良好氛围,学生的学习需求变得非常强烈,因此我们必须注意社会环境的变化,净化社会风气,为初中生法律意识的培养创造一个良好的社会氛围。

(四)初中生的认识水平也影响到法律意识的培养

马克思主义哲学认为内因是事物发展的根据,外因是事物发展的重要条件,因此我们在强调家庭、学校、社会对初中生法律意识培养的影响的时候,也应该注意到初中生自身的因素对他们法律意识的培养的影响。

首先,从学生自身的特点分析,学生要有学习需求,而学习需求是个体对外部生活条件要求的反映,是学生的主观愿望。一般情况下,觉悟高,品德好的学生必然会有法律意识培养的正确需要,相反,就会不利于学生法律意识的培养。其次,学生的学习兴趣、爱好也会影响初中生法律意识的培养,爱因斯坦曾说:"兴趣是最好的老师。"学生对某些学科或学习活动产生兴趣后便有一种内在的、强力的力量推动他自觉积极的学习,使学习更加稳固,因此,初中生自身要培养良好的学习兴趣,学校也要使学习活动丰富多彩,避免枯燥单调。最后,学生的志向也对学生法律意识的培养产生一定影响,有较高志向水平的学生学习需求较强,意志坚强能战胜困难,而志向水平低的学生对自己的学习要求比较低,对于没有兴趣的课题往往回避。

初中生法律意识的培养面临的主要是学校教育、家庭教育、社会教育的问题和初中生自身的问题,所以,学校、家庭、社会必须构成一个良性的互动,学校和家庭要相互配合,加强沟通,并且两者要密切关注社会的发展变化,对于社会上的不良思想的出现要及时纠正,任何一方的缺失都会使另一方的努力白费,而且还会使初中生处于一种无所适从的状态。

四、初中生法律意识培养的基本策略

(一)发挥好初中道德与法治课的主渠道作用

初中各个时期对初中生法律意识的培养都有不同的目标和内容,所以要充分发挥好课堂的主渠道作用,完成不同时期的教学目标和任务。首先,要把思想品德课的主渠道作用发挥到最佳,就必须采用正确的教学方法。课堂是教育的主阵地,对初中生法律意识的培养要和初中生的生活联系起来,把单调的法律条文应用到现实生活中,在课堂上开展丰富多彩的教学活动,比如课堂上的模拟法庭活动,或者组织学生去法院旁听。其次,课堂教学中要进行良好的课堂设计,由于初中生处于成长期理解能力有一定的限度,所以必须把理论和实际密切结合,使初中生学到的不是空洞不适用的理论,而是能使用的理论,一定要避免造成理论滚瓜烂熟,实际应用一无所知、不知所措的局面。教学方法当然要多种多样,根据学生的具体情况采取有区别的教学方法,使学生得到全面发展。最后,思想品德课教学中应采用正确的教学策略,其主要策略有整合性策略、自主性策略、差别性策略。整合性策略指综合学生的知识基础、能力基础、天赋、情感等多种因素。自主性策略指尽可能利用学生的智慧,激发学生的自我成就意识,指导学生自主学习、自主探索。差别性策略指不同班级的不同学生都是有差别的,激发不同学生的积极性,是提高学习效率的关键。

(二)建立一支高素质的师资队伍

当前社会对教师素质的要求有一定的共识。首先是教师的道德素质。教师要忠于人民的教育事业,依法执教、严谨治学、爱岗敬业、廉洁从教、热爱学生、全面关心学生、尊重信任学生、严格要求学生、理解和宽容学生、解放和放飞学生;教师要具有团结协作的精神,善于和同事合作、善于和家长社会合作,以身作则、言行一致。其次是教师的专业素养,教师应该具备广博的科学文化知识,精深的学科知识,深厚的教育科学、心理科学和管理科学知识,能够对学生的发展进行分析、预测和指导;具有驾驭教材和组织教学的能力,精湛的语言表达能力,能够运用现代教育技术手段;具有较强

的组织管理能力、教育机制和教育科研能力。最后是教师的个性素养,育人工作是最精细最复杂的事业,由此决定了教师必须具备良好的个性品质,以对学生产生积极的影响,一个合格的教师应该具备热情乐观、有责任心、仁慈友善、耐心周到、幽默风趣、善于交际、乐于助人、团结合作、公平客观等良好的个性品质。据调查,我国学生喜欢的教师品质前五种是:热爱、同情、尊重学生;知识广博、肯教人;耐心温和、容易接近;对学生实事求是、严格要求;教学方法好。

第二节 初中生公民法治教育

一、初中生的特点

公民法治教育需要一个漫长过程,而初中生应该作为公民法治教育的重点对象,这是因为初中生正处在社会化的关键时期,告别了童年时代,迈开了青春的第一步,具有半成熟、半幼稚的特点。他们相较于小学生在认知发展、记忆力发展和思维发展上都更占优势,更适合作为公民法治教育的重点教育对象;与高中生相比,初中生的世界观、人生观、价值观尚未定形,理性选择能力和是非辨别能力有待提升,在道德发展、价值选择和人生取向方面都面临着多元选择,对如何履行合格公民的权利和义务没有十分明确的认识,他们更需要进行公民法治教育。

二、初中生公民法治教育的含义

初中生的公民法治教育是着力于丰富初中生的法治知识,矫正和提高初中生的法律心理,培养其对法治的积极情感,以及参与法治建设的能力的教育。它将现代法治理念和法治精神通过教诲灌输、环境熏陶、实践锻炼等方式,内化为初中生的内在素质,形成法治信仰,着力塑造全面发展的个体。由于社会规范的习得总是遵循认知、内化和外化的规律,因此,狭义来说,初中生公民法治教育的内容就包括：初中生公民法治认知能力教育、积极法治情感的培养教育，以及适法行为培养教育；广义来说还应该包括教育环境。

三、传统法治教育与公民法治教育的区别

传统学校法治教育的实质是守法教育。长期以来，我国在初中阶段的学校教育多采用的是传统法治教育。传统法治教育与公民法治教育在内容和理念上都有很大的区别。传统学校法治教育是指通过传授法律知识，提供法律案例等途径，教给学生法律知识，帮助学生了解法律常识，学会遵从法律制度的教育。这样的教育强调对社会的遵从和对法律的依赖。而公民法治教育则是基于"权利—义务"的法律关系，以公民法治意识为重点，不仅让学生了解法律，更要唤醒他们督法、立法意识的教育。两者的不同具体表现在：

传统意义上法治教育的目的主要体现在指引受教育者的行为活动，让他们了解什么，能做什么，不能做什么，以此来预测自己的行为结果，从而做出正确的选择，避免发生挑战法律权威的情况。同时，通过法治教育的学习，公民可以了解自己的权利，一定程度上发挥了法治的保护作用，稳定了社会秩序。虽然传统法治教育的教学目的中也包含维护公民权利、培育公民法治信仰等，但是从实际教学过程和效果来看，威慑功能还是摆在第一位的，目的还是为了实现公民守法。我们承认公民守法对于社会发展的重要性，但是从时代发展的角度来考虑，传统法治教育已经不能满足需要了。因此，可以将传统意义上的法治教育称为"义务型法治教育"，而法治教育应该是"权利法治教育"。

传统法治教育下培育出来的公民，虽然可能会具有守法、用法的观念，会成为法律统治下的"良民"，却不一定能主动运用民主法律维护自己应得的权利，或者积极关注与自身关系密切的法治建设。而公民法治教育则以培育公民的法治意识为重要内容。具有法治意识，意味着我们不但守法、服从法律，而且会以理智分析法律，对于不适合社会发展的法律，会主动地依据法定程序，或改进、或废止，促进人与人的和谐相处和社会的健康发展。

四、初中生公民法治教育的重点是培养权利意识

权利意识是指人们对于一切权利的认知、理解和态度,是人们对于实现其权利方式的选择,以及当其权利受到损害时,以何种手段予以补救的一种心理反应,它构成了公民意识和宪法精神的核心。具体来说,权利意识包含三个层次的内容:一是公民认识和理解依法享有的权利及其价值;二是公民掌握如何有效行使与捍卫这些权利的方式;三是公民自觉地把行使公民权利的行为规约于法律规范之中,以免损害其他主体的合法权利。权利意识是法治化进程的内驱力,权利观念和法治建设两者不可分割。公民权利意识的觉醒将导致公民产生对拥有一套值得信赖的法治运行机制的渴望,以此来解决公民在生产生活以及经济交往过程中遇到的问题。随着法律制度的完善,其在公民生活中作用的无法替代,势必有助于公民法治信仰的生长,对法律的信仰又有利于公民权利意识的增强。公民的权利观念是对权利的主张是近代自觉地主体者人格的呐喊,如果缺乏权利观念,公民拥有的权利只能是空头支票,只能是写在纸上的文字而不能实现其真正的价值。

五、初中生公民法治教育内容

初中生是公民法治教育的重点对象,要推进法治教育进校园、进课堂、进头脑,明确法治教育的内容是前提,可以确保初中生的公民法治教育有重点有步骤地推进。初中生公民法治教育的内容是根据上级部门对初中生普法教育的目标和任务而选择。我国初中生公民法治教育的内容具体来说,主要包括以下三个方面:

(一)宪法教育

宪法是我国的根本大法,宪法具有最高的法律效力。它是一部纲领性的法律,它使全国人民努力奋斗的结晶法律化。宪法规定的是与国家相关的最根本的问题,如我国的国体政体、国家机构的设置及公民的权利和义务等,它是我国国家机关及其他组织的最高行动准则,也是国家长治久安的根本保证。宪法不同于一般法律。宪法涉及的是最根本的问题,一般法律则是对社

会生活的某个领域做了详细的规定。其他法律的制定都要以宪法为依据，宪法与一般法律的关系就是母法和子法的关系。宪法制定和修改的程序比其他法律更加严格，我国最高权力机关——全国人民代表大会，是唯一有权对宪法进行修改的国家机构。

宪法规定了国家的根本制度，国家制度在宪法中处于举足轻重的地位。任何国家的建立都离不开一套完整的国家制度体系。国体和政体是国家制度中最重要的内容。国体规定的是我国的国家性质，我国是人民民主专政的社会主义国家，我国的一切权利属于人民，人民行使权力的机关是人民代表大会。中国共产党领导的多党合作与爱国统一战线是我国人民民主专政的一大特色。

宪法规定了公民的基本权利和基本义务。公民是一种法律身份和成员资格。公民的法律身份是由宪法赋予的，我们一般认为，公民是指具有一国国籍、行使宪法规定的基本权利和履行宪法规定的基本义务的个人。宪法对于公民基本权利和基本义务的界定无疑是最权威的。它与一般的法律所规定的权利和义务不同主要表现在：宪法中关于权利和义务的规定是最基本、最核心的内容，如生存权、自由权、平等权等，而一般的权利和义务则是此基础上派生的。

国家机构是一个有组织、有层次能够高效运转的一整套体系，是通过权力的行使把统治阶级的想法变为现实的国家机器。初中生需要了解的我国国家机构的体系是：权力机关——在我国一切权力属于人民，人民通过民主选举选出人民代表大会代表召开人民代表大会行使权力。最高国家权力机关是全国人民代表大会及全国人民代表大会常务委员会。国家主席——国家主席与全国人民代表大会常务委员会结合起来行使集体的国家元首职权。行政机关——分为中央和地方两级。行政机关是权力机关的执行机关，由各级人民代表大会产生，对各级人民代表大会负责并接受它的监督。中央政府是最高国家权力机关的执行机关，即最高行政机关。此外我国的国家机构还包括：司法机关、军事机关。

（二）权利教育

初中生公民法治教育的核心是培育学生的权利意识，这是基于传统教育过程中片面强调守法教育而提出的。权利意识的觉醒是推动中国法治进程的内在动力，熟知自己的权利内容则是学生主动行使权力的前提，《宪法》和《未成年人保护法》中都对初中生的权利做出了规定，与初中生紧密相关且最基本的权利主要包括以下几个方面：

第一，平等权。平等权是指公民平等的享受法律规定的权利的同时，平等地履行法律规定的义务。对平等权的正确认识和保障不仅是一个国家和社会公平程度的重要标志，也是这个国家和社会制度是否符合正义原则的重要标志。在生活中要注意对少数人权利的保障，性别上男性女性要平等，穷人和富人拥有的权利在法律上是平等的。政府机关在执法过程中也要遵守法律，不应有超越宪法和法律的特权，不仅如此，他们更应成为遵守宪法和法律的榜样。

第二，人身自由权。《中华人民共和国宪法》第三十七条规定：中华人民共和国公民的人身自由不受侵犯，禁止非法拘禁和以其他方法非法剥夺或者限制公民的人身自由，禁止非法搜查公民的身体。人身自由权是公民最基本的权利，是其他权利实质性存在的前提条件。但在生活中人身自由权往往容易被学生忽略，因此法治教育要普及人身自由权知识，使学生了解谁有权力，以及在何种情况下才能限制他们的人身自由。

第三，隐私权。隐私权是人权的基本内容，是公民人身权利的重要组成部分，它是指公民个人和家庭生活秘密不受非法侵犯或公开的权利。初中阶段的孩子，生理和心理相较于小学生有了一定的变化，他们开始有了不想让大人知道的秘密，于是产生了隐私权的问题。孩子有权决定自己的隐私的公开对象、范围及程度，大人不可盲目介入孩子的私生活。

第四，参与权。参与权是公民依法参与国家公共事务管理和决策，公民参与权的保障也是国家依法接受公民监督的体现，公民权利要通过参与才能

真正体现出来,参与权的行使实际上是公民权利的法治实践。对于初中生来说,他们的权利也只有在学习和生活中,在参与和自己的学习生活紧密相关的班级事务管理中才能真正体现出来,因此,初中生要具备参与意识,不仅体现出初中生对自身权利尊重和珍视的程度,也为他们将来进入社会成为积极的公民提供必要的训练。

(三)义务教育

遵纪守法、遵守纪律和法律是成为一个文明公民的基本标准之一,也是构建和谐社会的内在要求。没有脱离法律的自由,也没有不履行义务的权利。因此,作为祖国未来希望的初中生要学法知法,并且运用法律维护自己的合法权益。在学校要遵守班规校纪,在社会要遵守公共秩序,在保护自身安全的前提下要勇敢同违法乱纪的不良行为做斗争。初中生不仅要养成遵纪守法的好习惯,而且要人人争做"爱管闲事"的小主人,为社会文明健康发展贡献自己的力量。

维护祖国统一、维护祖国领土和主权完整是社会主义接班人义不容辞的责任,爱国主义教育在任何时候都不能放松。尤其在当代,市场经济的发展及国外文化的渗透造成公民思维的混乱,常常有不利于祖国统一的言论在互联网上出现,这就对我们的法治教育工作者提出了更高的要求。对初中生的法治教育不仅要从宏观上进行教导,而且要从微观上给予关怀,要把理论和实践相结合,培育学生的国家认同感,自觉成为祖国统一坚定的支持者和捍卫者。

遵守公共秩序,个人不能脱离社会这个公共集体单独存在,社会的安定团结,有序发展与每个人的生活息息相关,维护社会公共秩序是每个公民义不容辞的责任。制定法律的作用之一就是要保持社会安定,公共秩序的稳定是政治、经济、文化和社会发展的前提。公民要知法律、讲文明、树新风,不做妨害公共安全的事情,初中生需要了解遵守公共秩序的重要性,要成为小小宣传员,教导身边的人热爱集体,保护我们公共的环境和秩序。

六、初中生公民法治教育的意义

（一）有利于初中生自身的健康全面发展

初中生的健康全面发展可以从两个方面进行理解：一方面，法治教育能够起到规范初中生越轨行为的作用，在法律范围内开展行动；另一方面，公民法治教育能增强初中生的权利意识，使初中生成为有社会责任感、人格全面发展的合格公民。

初中生处在成长的关键期，也是特殊时期，容易产生逆反心理，许多调查显示犯罪率较高的人群就是初中生。他们正处在世界观、人生观、价值观的形成时期，特别需要监护人和老师给予悉心的指导，给予他们足够的健康成长土壤，对其进行法治教育就是一种重要途径。同时，权利是法的内核，没有对权利的要求，也无法产生对法的需求和对法律的渴望。权利意识与法治观念的形成是密切联系的，权利意识的增强导致法治观念的增长，反之，法治观念的增长，也必将推动人们权利意识的扩张。可见，权利意识是唤醒公众对法的关注的原始力量，公民法治教育应着重培育公民的权利意识，真正帮助初中生认清自己主人翁的地位，以便他们更好地开展法律活动以及参与到社会主义法治建设中来。

（二）为初中生的公民教育提供了支撑

初中生的公民法治教育是公民教育的一部分，公民法治教育对整个公民教育起到内在支撑与契合作用。公民法治教育是以培养公民所具备的法律价值、思辨能力为基础的、为主轴的一种公民教育。公民法治教育的过程实际上就是启蒙公民的主体意识、平等意识、契约观念、民主思想、权利义务观念等，这些都是公民教育的核心内容。

公民法治教育和公民教育的本质联系体现在：两者在理论和目标上具有一致性。马克思在著作中曾对人的全面而自由发展有所论述，将其定义为"人从全部才能的自由发展中产生的创造性的生活表现"。对这句话重新进行解读大意就是，每个个体的主观能动性得到最大限度地发挥，个人的发展与人类社会发展达到内在的和谐，每个人的自身魅力和各种技能在社会中得到充

分展现，就实现了个性自由。公民法治教育的最终目标是培养具有法治意识的公民，促进整个社会稳定健康发展，实现个人与社会的统一发展。这与马克思主义语境下公民教育的目标是一致的。人们的价值观也在历史演进的长河中不断发生演变。所谓人文价值观就是重视人的精神需要，促进人的内在思想适应社会生活的需要，实现物质文明与精神文明的和谐发展。实践证明，要实现社会繁荣进步，就要在全社会树立人文主义的价值理念。我国开展公民教育就是使公民树立民主、法治、自由、平等、公平、正义的理念，进而培养社会主义建设所需要的公民，实现人的科学发展是其最终价值。我国公民素质的提高、公民价值的发挥、公民权利的张扬、公民生活的改善、公民人格的完善等都体现了公民教育的人文价值观。公民法治教育本质上也是一种价值观念的教育。公民在教育者有组织、有计划、有目的的影响熏陶下，使法治知识进入头脑并转化为法治理念内化于心。法治教育并非让人们感到恐惧来达到国家管理的目的，而是处处闪耀着人文价值的光辉。让人们感觉到法律是权力的保护者，在法治社会中生活是安全的，这是公民法治教育的内核。

初中生通过公民法治教育，形成主体意识、平等意识、民主思想、权利义务观念法治信仰，自觉参与到法治建设中，成为社会主义法治国家的建设者，对我国法治建设表现出应有的热情和关心，积极地学习和运用法律知识，主动行使公民权利，自觉履行公民义务，成为具有现代法治精神的公民，这也是公民教育的题中之义。

（三）有利于推进依法治国的进程

初中生是未来我国法治进程的推动者，也是我国法治建设的主体。公民法治教育培养的是具有积极守法精神的公民，这种守法精神应是与奴性守法观相对立，是公民法治意识的外显层面。初中生通过这种法治教育，成为法治社会需要的公民，这样的公民拥有以下特质：护法精神。从古至今的社会文明发展告诉我们，任何一个民主自由度高的国家，都有一套适合国情且较成熟的法治体系。法治的理性和权威性，有效地为社会稳定提供可靠保证。

对公民进行系统深刻的法治教育也成为法治国家国民教育一项的重要任务。因为拥有理性精神的公民会对法治建设报以热情，积极发挥监督作用，有效防止特权现象发生和法律的滥用。马克思曾指出："一个人有责任不仅为自己本人，而且为每一个履行义务的人要求人权和公民权。"权利主张精神。法治建设与每一个公民的生活工作息息相关，法律保护公民的权利，但是并不是每一个公民都珍惜法律赋予自己的权利，当权利受到侵害时好多人选择做沉默的大多数，因此，必须要通过公民法治教育使伸张权利成为公民的一种行为自觉。义务的自觉履行精神。法律在保障公民权利的同时也规定了公民应当履行的义务。法律的产生本身就包含了自由和责任的内在统一，人们通过协商讨论制定法律，对某些权利主体的职权范围加以限制，公民要自觉履行义务，不能跳出法律规定的责任范围为所欲为。

拥有以上特质的公民将积极为中国的法治建设进程起积极的推动作用，初中生的公民法治教育就是以培养这样的公民为目标，将会改善整个社会的法治观念，从根本上推进我国的法治进程。

第三节 道德与法治课程教学中新媒体的应用

一、初中道德与法治教学中新媒体应用的必要性

任何一种新事物的出现，都有其必然性，把新媒体引入到初中道德与法治教学中也有其必然性，下面从三个角度说明初中道德与法治教学中新媒体应用的必要性。

(一)新媒体时代的必然要求

当今世界，网络信息技术日新月异，网络新媒体全面融入人们的社会生活，人们所处的社会环境、生活环境、舆论环境都发生了翻天覆地的变化。新时代的初中生是伴随着新媒体的发展成长起来的年轻一代，他们的情感、态度、价值观念呈现出更加多元的特点。新媒体与各个领域的融合都呈现出

生机勃勃的状态，初中道德与法治教学也必须走进网络，运用网络新媒体创新道德与法治教育方式方法，加强德育课程，只有这样才能紧跟新媒体时代的发展步伐。

（二）深化教育体制改革的基本要求

党的"十八大"以来，以习近平同志为核心的党中央，坚持把教育摆在优先发展的战略位置。2017年，中央深化改革领导小组召开会议，会议通过了《关于深化教育体制机制改革的意见》（以下简称《意见》），强调深化教育体制机制改革，全面落实立德树人根本任务。《意见》指出，要创新思想政治教育方式和方法，不断增强思想政治教育的亲和力和针对性。初中道德与法治教学脱离实际生活，缺乏亲和力，大大影响了道德与法治教育的成效，新媒体在初中道德与法治教学中的应用可以拓宽道德与法治教育的方法方法，同时增强教学的亲和力，吸引初中生的兴趣。

（三）初中年龄段学生德育发展的需求

初中年龄段学生有自己独特的德育发展需求，只有科学定位德育目标，合理设计德育内容、途径、方法，才能使德育层层深入、有机衔接，推进社会主义核心价值观内化于心、外化于行。以初中生的生活为基础，以他们所熟悉的新媒体入手，设计教学内容、途径、方法更容易为学生所接受，对初中生的道德与法治教育更容易推进。如今，人们的生活与新媒体的使用如影随形，新媒体上传播的信息海量，但又鱼龙混杂，初中生心智发展还不够成熟，难以应对复杂多变的新媒体环境。教学过程中新媒体的应用既能更好地进行道德与法治教育，又能对新媒体的使用给以学生正确的引导，从课堂外围开展道德与法治教育。

二、初中道德与法治教学中新媒体应用的可行性

以七年级上册《道德与法治》教材为例，从教学环境、课程目标的设置、课程内容的组织、课程实施的过程、课程评价五个方面来分析新媒体在初中道德与法治教学中应用的可行性。

（一）教学环境

自2016年开始，小学与初中阶段"思想品德"课程更名为"道德与法治"，截至现在七年级上册《道德与法治》教材仅使用过两届学生，教材更名突显了初中阶段法治教育在德育体系中的重要性。现在的中国"经济转型、科技创新、文化繁荣、民生改善、社会和谐"，教育自信不断增强，需要充满活力、富有效率、更加开放的德育与之相适应，对德育工作提出了更高的要求。从小的环境来说，校园里的初中生价值观更加多元、多变，对道德与法治教学也提出了不小的挑战。

（二）课程目标

2014年颁布的《初中思想品德课程标准》将课程目标表述为：思想品德课程以社会主义核心价值体系为导向，旨在促进初中生正确思想观念和良好道德品质的形成与发展，为使学生成为有理想、有道德、有文化、有纪律的社会主义合格公民奠定基础。初中道德与法治课程不仅注重涵养学生的道德品格，还注重初中生法治意识的养成。

新媒体传播具有即时性与低成本化，信息的海量性和个性化，受众的开放性与分众性的特征。教师应用新媒体，能够吸引初中生的注意力，引起初中生学习兴趣，使道德与法治教育容易为他们所接受。初中道德与法治教学中有了新媒体的应用，课程目标更容易实现。

（三）课程内容

七年级上册《道德与法治》教材，共四个单元，为了迎接刚刚踏入中学时代的七年级新生，教材的单元设置从"成长的节拍"开始，到"友谊的天空"，再到"师长情谊"，最后落脚到"生命的思考"，紧紧围绕初中生的生活最离不开的几个方面展开。教材共十课，第一课到第三课为第一单元：《中学时代》《学习新天地》《发现自己》；第四课、第五课：《友谊与成长同行》《交友的智慧》是第二单元；第六课、七课：《师生之间》《亲情之家》是第三单元；第八课到第十课：《探问生命》《珍视生命》《绽放生命之花》是第四单元。每课有两个或三个课时，每一课围绕一个主题，设置的内容层层递进，步步深入。每一单元第一课的前面都有一段文字的引

言，为同学们更好进入课堂学习做好情感的铺垫，在每一课时最开始的地方设置"运用你的经验"环节调动学生的情绪做好教学导入活动。改版后的教材，除了凝缩精炼的正文部分，还有"运用你的经验""探究与分享""拓展空间"板块帮助初中生理解教材知识，又有"阅读感悟""相关链接""方法与技能"板块辅助扩充教材内容。所有板块的设置都是以七年级学生为中心，调动他们的生活经验，努力使教学与他们的实际生活同步。新版教材的文字编排与旧版有所不同，阅读其文字又如春风化雨，能够调动学生的情感体验，做好情感的铺垫，道德与法治教育才能顺其自然地完成。道德与法治课程内容的组织充分体现了以人为本的思想，更加贴近学生、贴近生活、贴近现实。

七年级上册《道德与法治》教材的内容以七年级学生的成长为主题，很多有关此主题的内容在新媒体上传播。利用新媒体的检索功能，师生可以轻而易举搜索与课程内容相关的传播信息。新媒体为用户提供的标签、收藏、转发、点赞等功能，教师在浏览信息的过程中运用这些功能可以随手对能用于道德与法治教学的内容做标记，积累素材以便在课程讲到相关内容的时候拿来引用。

（四）课程实施

在课程实施过程中，既要讲教学方法，又要讲情，还要做到情在法前。改版后的教材虽然在内容的组织和编排上极力地贴近学生的生活，试图创建更为开放的课堂，但一些教师习惯于老教材的使用，新教材宽泛的发挥空间反而使教师在课程实施的过程中抓不住重点。除此之外，现在道德与法治教学依然没有打破考试的枷锁，在掌握好知识和培养道德与法治意识之间还需要掌握一个平衡点。对于有关课程的实施，教师一定要走出舒适区，从观念上接受道德与法治教育需要改变的现状，主动打开教学思路，创新教学方法，适应新教材；认真研读教材，梳理教材的逻辑关系，教学才有底气；发自内心的热爱学生，把每一个学生都看成一棵需要浇灌的树苗，要精心的呵护和修理，使树苗茁壮成长。

初中道德与法治课程的实施，要联系初中学校教学的实际情况，根据初中生发展需要及心理特点，运用新媒体创新教学方式，改进教学方法。

（五）课程的评价

长远来讲，教师是否实现每节课的教学目标，是否教会学生考出一个好成绩，这并不是课程评价的最终标准。培养七年级学生道德与法治意识，最终使社会主义核心价值观内化于心、外化于行，才是课程评价的最终标准。

初中道德与法治教学中新媒体的应用容易拉近学生与教师的距离，使道德与法治教育如春般气息被初中生所倾听、感受，深入到初中生的心里去，初中道德与法治课堂教学才容易实现课程评价的最终标准。

三、提高初中道德与法治教学中新媒体应用效果的策略

为了让新媒体更好地服务于教学，切实提高初中道德与法治教学中新媒体应用的效果，结合道德与法治教学实际提出如下建议。

（一）教师要提高自身新媒体应用素养

人们常说教师是人类灵魂的工程师，而道德与法治课教师承担着培养学生道德与法治意识，促进德育发展的神圣使命。道德与法治教师从根本上来说是做人的工作，承担着一份特殊的使命。新媒体复杂的传播环境，容易混淆初中生的价值判断。作为初中道德与法治课的任课教师，在对初中生传道的过程中，一定要做到自己先明道、信道、守道，才不会在诱惑重重的新媒体环境中迷失方向，才能够把蕴含着社会主义核心价值观的新媒体传播内容应用到教学中，从而帮助初中生树立正确的道德与法治观念。

教师运用新媒体开展道德与法治教育要提高相应的专业素养。日常使用新媒体的时候，要保持自己教书育人的职业敏感性，处处留心新媒体的传播信息，哪些内容可以用来开展对学生的德育要及时记录和收藏。教师要做一个有心人，熟悉教材内容，在阅览新媒体上众多传播信息时，要准确地选择最具有德育价值的内容。关注"央视新闻""人民日报"等权威媒体的官方微博、微信公众号，了解时事政治，知晓各个国家发生的大事件。作为道德与法治课任课教师，不能只把目光紧紧置于课堂之上，还要注意培养自己课

堂之外那些"无用"的基本政治素质,拓宽自己教学格局。

(二)新媒体的应用要以教学为主,为教学所用

初中道德与法治教学中新媒体的应用不能盲目地应用,要以教学为主,为教学所用。所谓"以教学为主",就是在道德与法治课的教学中,新媒体始终是一种辅助教学的手段,它的使用要围绕着教学展开。"为教学所用",就是教学有需要我们就使用,新媒体以什么样的形式出现也要根据教学的内容来决定。很多有新媒体应用的初中道德与法治课堂教学,经常出现各种五花八门的音视频等新媒体内容,学生的注意力完全被新媒体吸引去了,热闹一过教学重难点没有突破,教学目标也没有实现。

要紧紧依据教学内容选择合适的新媒体传播内容,注意新媒体的应用要与教学配合,既要讲新媒体应用的技能,又要讲新媒体应用的艺术。因此,并不是所有的道德与法治知识都要靠新媒体的辅助才能更好地讲解,像有关法律知识涉及法律条文,本身就比较庄严凝重,需要初中生识记背诵才能真正感受法律的权威不容侵犯,教材的文字记录就足够同学们识记背诵,不需要新媒体的应用。对于教材纲要性的表述,一定要脱离新媒体的应用,在教材中用圈、点、线等符号着重突出,让初中生熟悉教材才能应对初中道德与法治课的开卷考试。授课时,选择新媒体的传播内容搭建教学情境,增强初中生实际生活的代入感,才能拉近课堂与实际生活的距离。

(三)新媒体的应用要注意联系初中生的心理发展特点

初中生能够独立地思考与判断,看待事物有自己的认识和看法,教师不要把道德与法治课堂教学上成道德说教课,引发学生的排斥心理。选择新媒体传播信息的时候注意联系初中生的心理发展特点,哪些信息是初中生感兴趣的内容,哪些形式可以抓住学生的眼球,把它们作为教学资源,编排整理后应用于课堂教学。

初中生感情丰富,情绪高亢而热烈,富有朝气,容易动感情。新媒体在初中道德与法治教学中的应用其实是"醉翁之意不在酒",在意的是调动学生们的情感,体验让他们主动接受学习,根据自己内心的体验去判断对与错、

是与非。道德与法治教育的最终目的是讲情的，选择新媒体的传播内容作为教学素材应用在初中道德与法治教学中，要注意为初中生的学习提供一个开放的空间，留些空白给他们自己去感悟道德与法治教育，去抒发内心的情感体验。教师要根据初中生的感悟去引发诱导，不要为素材提出的问题设置标准答案限制初中生的思维扩散。

（四）新媒体的应用要与传统教学方式相结合

初中道德与法治教学中新媒体的应用为课堂教学增添了很多活力，但新媒体的应用并不是越多越好，我们无须摒弃其他的教学方式。从新媒体上选择很好的素材应用到课堂教学中，设置教学活动让初中生参与其中，教师在初中生参与活动的同时还需要使用板书等传统教学方式在黑板上写出活动设置意图的关键词，用板书勾勒出教学的重点。例如，讲《活出生命的精彩》这一课时，每一个活动的设置都有设计的意图，配合教学进度在黑板上板书"贫乏与充盈""冷漠与关切""平凡与伟大"关键词总结活动的主要内容，能够帮助初中生在教学活动中抓住教学中心及重点。新媒体在初中道德与法治教学中的应用是足够吸引学生目光，调动学生们的情绪，但如果要进一步加深知识在脑海里的印象，还需要用传统的教学方式加以强化。

初中道德与法治教学中新媒体的应用活跃了学生的思维，使教师的主导地位变弱。教师在授课过程中不能任由学生发表自己的观点，被学生的思维牵着走，这样不仅浪费课堂教学时间，还会偏离教学重点。教师要汲取传统教学方式在掌握基础知识、训练学生逻辑思维能力、维持课堂秩序等方面的优势，要根据教学内容选择合理的教学方式，注意让新媒体在初中道德与法治教学中的应用与传统教学方式的相辅相成。新媒体在初中道德与法治课堂教学中应用时，教师要注意增强对课堂的整体把控能力，坚持以学生为主体，发挥教师的主导作用，坚持教师主导与学生自主探究相结合。

第六章 我国的基本政治制度

第一节 我国的基本政治制度

一、基本政治制度

我国通常都把政治制度区分为普通政治制度、基本政治制度和根本政治制度三个层级。其中，基本政治制度比普通政治制度重要，而根本政治制度又比基本政治制度重要。根本政治制度是全部政治制度中最基础、最根本的那一个。

所谓基本政治制度是指一国由宪法规定，由基本的法律将宪法条款加以具体化，用以处理社会公共事务的重要治理模式和规则体系。在我国，基本政治制度既是与普通政治制度（或非基本政治制度）相对称的，又是与根本政治制度相对称的。

二、中国特色社会主义基本政治制度内容

中国特色社会主义基本政治制度主要是对我国政党政治活动、政权运作行为、基层社会民主和民族关系的规范，其基本覆盖了我国政治生活的各个方面。

社会主义民主协商制度，"协商是民主最原始、最基础、最普通的要素，民主的任何形式和内容都可以在这里找到根源。"由于中国的文化传统，中国人很早就拥有协商的智慧，用协商的方式解决矛盾和问题。中华人民共和国成立前后，协商民主作为一项社会主义民主制度逐步确立，此后，这一制度又进一步发展，已经成为我国的一项基本政治制度。在我国，社会主义民主协商制度的主要内容就是共产党领导的多党合作和政治协商制度。这一制度之所以成为我国的一项基本政治制度，是由于它在政治领域正确反映了我

国的政党关系，体现着我国各个党派之间的基本关系。

民族区域自治制度，在新民主主义革命即将胜利之际，中国共产党人就开始思考我国的国家结构问题，考虑到我国民族关系和民族发展的实际，确立了民族区域自治的民族政策。这一制度在坚持国家统一的基础上，在一些少数民族聚居的地方通过设立民族自治地方和民族自治机关，行使民族自治权，充分保障了少数民族在本地区、本民族各项事务中的各项权利。比如，各自治区有充分的自治权，包括民族立法权，变通执行权，文化、语言、文字自主权，培养民族干部自治权等，自主管理本民族、本地区的内部事务，可以制定自治条例和单行条例，享有自主发展经济、社会、文化事业等多方面的权力，充分尊重了少数民族的语言文字、民族习惯、宗教信仰，促进了少数民族地区经济和政治等各项事业的发展。

基层群众自治制度已经成为中国特色社会主义基本政治制度的重要内容，有着广泛参与和直接民主的特点。企事业单位实行职工代表大会制度，农村实行村民自治制度，城市实行居民自治制度，建立相应的机构，开展民主选举、民主决策、民主管理、民主监督，落实人民的民主权利，实现人民群众自我管理、自我教育、自我服务、自我监督，使广大人民群众能够依法直接行使民主权利。这一制度在《宪法》《居民委员会组织法》《村民委员会组织法》等法律法规的保障下不断发展，当前，城乡基层民主不断扩大，公民有序的政治参与渠道逐步增多，民主的实现形式也不断丰富。

第二节　多党合作和政治协商制度

一、多党合作和政治协商制度概述

（一）多党合作和政治协商制度含义

中国共产党领导的多党合作和政治协商制度是我国的一项基本政治制度，是马克思列宁主义同中国革命与建设实践相结合的一个创造，是社会主

义民主政治的重要组成部分。这一独具中国特色的社会主义政党制度模式的产生绝不是偶然,是近代我国在引进政党和政党制度后,在经历了多党制、两党制、一党制模式的实践失败后,逐渐形成和发展起来的一种适合我国国情的崭新的政党制度模式。

(二)多党合作和政治协商制度的发展特征

坚持中国共产党的领导是我国多党合作的根本特点,也是坚持正确政治方向的根本保证。中国共产党在多党合作制度中居于领导地位,与民主党派形成领导与被领导的关系,这是我国政党制度的根本特点,也是我国政党制度区别于西方多党制的根本特点。

中国共产党领导的多党合作与政治协商制度是在实践中不断完善的发展过程。中国共产党领导的多党合作和政治协商制度形成后,由于各种原因,既经历了丰富发展的时期,也经历了遭受严重挫折的时期。

中国共产党始终处于领导地位,民主党派主动接受领导,共商国是,参政议政是历史的必然。中国共产党领导的多党合作和政治协商制度是我国初级阶段的政党制度,它符合中国国情,也是历史条件决定的。中国共产党的执政地位是其他任何政党都无法取代的,中国共产党在中国的领导核心地位是千百万的共产党人经过几十年艰苦的斗争争取得来的,是我国历史发展的必然。

二、中国共产党领导的多党合作和政治协商制度

(一)中国共产党领导的多党合作制

所谓政党制度是指政党执掌政权或参与政治的方式。在比较政治中,传统意义上的政党制度一般有两类:独占政权的一党制度和各政党法律地位平等的竞争性多党制度。显然,中国的政党制度不是独占政权的一党制,各民主党派不仅要参加政权,与中国共产党分享权力,而且还要议政、要政治协商,参与公共政策。当然,中国的政党制度更不是竞争性的多党制,作为执政党的中国共产党与其他参政党之间的关系是合作的而非竞争的。从比较政党制

度上来看，如今我国的政党制度既非严格的一党制，也非多党制，而是二者的某些特点融合成一个类别的政党制度，即非竞争性的合作型政党制度。

我国的政党制度的基本内容和特征是：共产党领导，多党合作；共产党执政，多党参政；平等独立，协商监督；结构多元，目标一致。坚持中国特色社会主义道路是共产党和各民主党派达成的共识，是多党合作制的政治基础，在此基础上实行"长期共存、互相监督""肝胆相照、荣辱与共"的相互合作的基本方针。具体来说，就是在多党合作的关系中，各民主党派接受共产党领导，民主党派与共产党的关系是一种政治上合作关系，是在各项重大方针、政策和工作部署上的合作；在政权关系上，中国共产党是执政党，各民主党派是参政党，各民主党派的职能在于参加国家政权，参与国家大政方针和国家领导人选的协商，参与国家事务的管理，参与国家方针、政策、法律、法规的制定执行；在政党的关系上，是执政党与参政党的关系，而不是竞争性的轮流执政的关系。作为参政党，各民主党派对共产党进行监督，提高共产党执政能力，共产党亦对各民主党派进行监督，增强各民主党派的参政能力。

（二）中国共产党领导的政治协商制度

协商就是共同商量以便取得一致意见，它是社会生活中常见的交往形式。我国的政治协商制度是在中国共产党的领导下，各政党、各人民团体、各少数民族和社会各方面的代表，以多种形式，特别是中国人民政治协商会议的组织形式，就国家政治生活中的重大事项进行商议、寻求共识的一种制度。如今我国，政治协商制度具有较高程度的制度化载体，即遍及全国的人民政协组织体系。中国人民政治协商会议是中国人民的爱国统一战线组织，是我国政治生活中社会主义民主的重要形式。

三、多党合作和政治协商制度地位：当代中国的基本政治制度

近年来，中国共产党领导的多党合作和政治协商制度现实发展的一个重要理论成果，就是人们对政体概念的重新解释。以往政体通常被解释为就是

政权组织形式，指人民代表大会制度，从我国政治体系成长的经验来看，这样的解释与人民民主专政国体的要求有些不相适应，显然太狭窄了。政体的概念应做扩大性的解释，它理应包括中国共产党领导的多党合作和政治协商制度在内。政体与国体相适应是马克思主义政治学的一个基本原理，就此而言，虽然人民代表大会制度构成了人民民主专政国体的主体表现，但中国共产党领导的多党合作和政治协商制度也是体现这一国体的制度本质。

任何国家的政治制度均构成一个体系，在这个体系中，某些制度比其他制度对政治生活的影响更具根本性、全面性、持久性，这些制度通常被定义为基本政治制度。当代中国政治制度体系主要包括：选举制度、人民代表大会制度、国家元首制度、行政制度、司法制度、中国共产党领导的多党合作和政治协商制度、民族区域自治制度、军事制度、特别行政区制度、基层自治制度等。这些制度中，中国共产党领导的多党合作和政治协商制度之所以是一项基本制度，一方面是因为它对我国政治生活的影响具有根本性、全面性和持久性；另一方面是因为它对制度体系中的其他制度具有基础作用。

中国共产党的多党合作和政治协商制度在我国的意义有以下五点：第一，中国共产党领导的多党合作和政治协商制度是新中国政权建立的政治前提和基础。第二，中国共产党领导的多党合作和政治协商制度是我国的国体即人民民主专政的制度表现。第三，中国共产党领导的多党合作和政治协商制度是我国政治体制基本原则即民主集中制的有机构成部分。第四，中国共产党领导的多党合作和政治协商制度是中国特色的社会主义政党制度。第五，中国共产党领导的多党合作和政治协商制度是社会主义民主的基本形式之一。

四、中国特色社会主义多党合作与政治协商制度完善举措

一个国家的政党关系是各个政党在国家政治利益分配过程中形成的一种互相关系，是国家的政治活动、政治力量对比的结果。政党关系关乎国家的政治发展，影响着国家的长治久安，是每个国家政治社会领域的重要关系。政党关系的和谐是现代社会政治文明的主要标志。政党关系的形成和政党制

度的建立，要以国家性质和各国的具体国情为依据，是体现了人类政治文明发展多元化的体现。我国的多党合作与政治协商制度是在中国长期的革命建设和改革实践进程中发展起来的，是我国历史与人民的选择。

中国共产党领导的多党合作制度、政治协商制度、人民政协制度构成了我国的多党合作与政治协商制度，三者不可分割并相互关联。多党合作是政治协商的主体，人民政协是我国多党合作政治协商的主要机构，政治协商制度以中国人民政治协商会议为组织形式，就国家的大政方针进行民主协商。中国共产党与各参政党在长期的革命和建设实践中形成了协商合作、相互监督的具有中国特色的政党关系。中国共产党与各民主党派长期共同和谐发展，各参政党保持着和中国共产党的政治联盟，围绕着中国共产党和国家的中心任务发挥自己的作用，并履行相应职能。

作为发展中国家，我国人口众多且地域广阔，社会差异性较为突出。在中国特色的社会主义建设中要完善和发展社会主义民主，就必须牢牢坚持中国共产党的领导，只有各民主党派真正认同共产党的领导，把协商作为基本途径，让更多的人民对我国的方针政策、地方重要事务、群众生活等重要问题能进行讨论协商，达成共识，才能实现广大老百姓的根本利益诉求。我国的国情和当前的现实都需要中国共产党与各民主党派进行广泛的协商，中国的政党制度理应具有强大的社会整合力。中国共产党是我们进行社会整合的中坚力量，中国共产党与各民主党派的合作扩大了社会整合的边界与张力。通过相应的政治协商制度，弥合个人、政党、组织之间的不同利益差异，充分尊重分歧，协商消解人民内部分歧，达成共识，化解矛盾，使社会更加和谐。

完善中国特色社会主义多党合作与政治协商制度是中国共产党和各民主党派的共同目标，充分发挥各民主党派的作用更与完善多党合作与政治协商制度息息相关，更有利于加强各民主党派的自身建设，有利于各民主党派与中国共产党同心同德建设中国特色社会主义，共同发展，维护国家稳定团结的良好政治局面，更有利于实现祖国的和平统一，建设富强文明的现代社会主义国家。

第六章 我国的基本政治制度

确立和实施适合我国国情的政党制度,对于我国的政治稳定、经济繁荣、社会和谐至关重要。坚持及完善中国共产党的领导,是多党合作与政治协商的首要前提。这是我国历史的必然选择,更是现实发展的需要。中国共产党是马克思主义理论武装起来的中国工人阶级、中国人民和中华民族的先锋队,中国共产党深刻总结了国内外的历史经验教训,而是在革命和建设的实践中,与长期合作的各民主党派和无党派人士一同建立了中国共产党领导的多党合作和政治协商制度。现如今中国共产党与各民主党派走过了几十多年的光辉历程,共同致力社会主义建设伟大事业,各民主党派成了中华人民共和国的参政党。中国共产党领导的多党合作与政治协商制度开辟了马克思主义政党理论的新境界,推动着多党合作事业的发展。

中国共产党在重大问题决策前与各参政党直接的协商,在人民政协与社会各界代表协商,调动了参政党民主监督的积极性,尊重多数、照顾少数,充分反映和协商大家的诉求、意愿、和利益要求,保证着党和政府决策的科学性。中国共产党领导的多党合作与政治协商制度能更充分反映民意,集中民智,形成统一的意志,有益于提高我国的社会主义民主程度。参政党也在工作实践中不断提高着自身行使民主权利的自觉性和参政议政的能力,推动了我国民主政治生活健康稳步地发展。在当今中国用协商合作代替西方政党间的对立斗争,避免了各政党间互相牵制而造成的政治格局不稳。只有协商制度才能使社会矛盾更妥善化解。在实践中完善多党合作的制度化、规范化,更有利于兼顾群众利益,形成全体人民各尽所能、各得所得的局面。

五、深入探索多党合作的发展规律,推动中国共产党领导的多党合作和政治协商制度科学发展

发展是科学发展观的第一要义,科学发展就是要符合客观规律地发展。中国共产党领导的多党合作和政治协商制度的发展也要符合客观规律。我们应该从符合客观规律入手,健全多党合作的运行机制、完善多党合作的制度建设、巩固和发展我国的社会主义政党关系,实现我国政党关系的长期和谐,

坚持走中国特色社会主义政治发展道路，不断推动我国多党合作和政治协商制度的科学发展。

（一）健全多党合作的运行机制

机制也称机理，它的使用最早是在自然科学领域，后来引申到社会科学领域。概括地讲，机制主要是指规律性模式。政党运行机制指政党通过政党制度系统发挥政党功能，达到实现政党掌握和影响国家权力目的的方式和方法。中国共产党领导的多党合作和政治协商制度的运行机制主要有参政议政、政治协商、民主监督、合作共事。

参政议政是中国共产党领导的多党合作和政治协商制度的主要内容。充分发挥民主党派和无党派人士的参政议政作用，是中国共产党领导的多党合作和政治协商制度的必然要求，是社会主义民主政治的重要体现，对于扩大有序的政治参与、维护安定团结的政治局面、促进经济社会的和谐发展意义重大。政治协商是中国共产党领导的多党合作和政治协商制度的重要组成部分，是实现科学决策和民主决策的重要环节，也是中国共产党提高执政能力的重要途径。

民主监督是中国共产党领导的多党合作和政治协商制度的重要内容，同样也是我国社会主义监督体系的重要组成部分。这种监督是在坚持四项基本原则的基础上，通过提意见、建议和批评的方式，对国家机关和国家工作人员实行的一种政治监督。合作共事是中国共产党领导的多党合作和政治协商制度坚定不移的方针，体现在要坚持平等相待、民主协商、真诚合作的原则，不断巩固中国共产党同党外人士的联盟，把培养选拔党外干部纳入干部队伍建设和人才培养的总体规划中统筹考虑。当前，要在坚持这个运行机制的基础上不断完善、深入研究多党合作面临的新情况、新问题，探索多党合作的新机制、新方法，使中国共产党领导的多党合作和政治协商制度内容更加丰富、机制更加健全、程序更加规范。

（二）完善多党合作的制度建设

制度建设是社会主义政治文明建设的核心。中国共产党领导的多党合作和政治协商制度作为我国的一项基本政治制度,与人民代表大会制度、民族区域自治制度,以及基层群众自治制度共同构成了我国政治制度的核心内容与基本框架。要发挥中国共产党领导的多党合作和政治协商制度的政治优势,就必须进一步完善机制,搞好制度建设。

我们要以《中共中央关于进一步加强中国共产党领导的多党合作和政治协商制度建设的意见》作为多党合作制度建设的出发点和依据,针对当前我国多党合作的实际,出台相关的配套措施,进一步完善和充实这部纲领性文件,将多党合作过程中的权力(权利)配置、合作程序、合作内容及合作形式等以制度的形式固定下来,使之成为具有稳定性、权威性、连续性和普遍适用性的规则,从而为实现规范化和程序化提供行为示范。

通过制度的运行,要求人们的行为按照规范的制度、遵循既定的程序,对现实政治生活中的多党合作关系发挥调整作用,完成权力配置、利益协调,最终实现人们积极有序地参与政治生活的规范化目标。

第三节 民族区域自治制度

一、民族区域自治制度概述

(一)民族区域自治制度内涵

民族区域自治制度作为我国的一项基本政治制度,是民族区域自治政策的制度化和法制化形态。民族区域自治制度是指在国家统一领导下,各少数民族聚居的地方实行区域自治,设立自治机关,行使自治权的制度。

我国民族区域自治制度实体部分分为各种法律法规和规定、政策、风俗习惯等六大部分,核心部分是《中华人民共和国宪法》《中华人民共和国民族区域自治法》及相关的法律法规。

民族区域自治地区自治权是实现民族区域自治制度的核心。我国民族自治地方享有的自治权包括立法、对国家有关法律的变通执行、使用本民族语言文字、培养干部、组建公安部队、自主发展经济、进行贸易活动、管理财政、自主发展文化教育这九大方面的实际权利。

（二）民族区域自治制度的原则

我国的民族区域自治是在国家统一领导下，各少数民族聚居的地方实行民族区域自治，设立自治机关，行使自治权。民族区域自治的实施，必须遵循国家统一、民族团结、民族平等三大原则。

1. 维护国家统一和实行民族区域自治相结合的原则

维护祖国统一和实行民族区域自治相结合，是中国民族区域自治的一项基本原则。改革开放以来，维护国家统一的问题上毫不动摇，"中国的统一是全中国人民的愿望""凡是中华民族的子孙，都希望中国能统一。分裂状况是违背民族意志的"。1992年中央民族工作会议强调："国家统一、民族团结，则政通人和、百业兴旺；国家分裂、民族纷争，则丧权辱国、人民遭殃。"要维护祖国统一，就必须旗帜鲜明地反对民族分裂活动。进入21世纪后，我们必须坚决反对破坏民族团结的行为，反对一切形式的民族分裂图谋和活动，坚定地维护祖国统一，使民族自治地方的各族人民更好地对中华各民族的团结统一，对中国的社会主义现代化建设做出贡献，更自觉地维护国家的统一和服从国家的统一领导。

2. 坚持民族团结的原则

坚持民族团结是中国共产党关于民族问题的基本观点，也是我国实施民族区域自治的基本原则。改革开放后，"在实现四个现代化进程中，各民族的社会主义一致性将更加发展，各民族的大团结将更加巩固"，并反复强调"坚持在四项基本原则的基础上，加强全国各族人民的大团结"。《中国共产党中央委员会关于建国以来党的若干历史问题的决议》中强调："改善和发展社会主义的民族关系，加强民族团结，这对于我们这个多民族国家具有重大意义。"从中华民族整体利益的高度指出："我们要争取整个中华民族的大团结。"这些重要论述，对我们正确认识现阶段我国的民族关系，加强民族团结，具有重要的指导意义。

3. 坚持民族平等的原则

民族平等是马克思主义关于民族问题的基本观点,也是我国实施民族区域自治的基本原则。《中华人民共和国宪法》规定:"中华人民共和国各民族一律平等。"中国各民族在历史的长河中都为中华民族的形成和发展、繁荣和昌盛做出了自己的贡献。各民族不论大小,都应当享有平等的权利,真正实行民族平等,把真正平等作为解决民族问题的立足点。党和国家不仅在法律上保障各民族的平等权利,而且帮助少数民族发展政治、经济、文化等各项事业,使他们在现实生活中切实享受到各项平等权利。邓小平指出:"我们的民族政策是正确的,是真正的民族平等。我们十分注意照顾少数民族的利益。我国有一个很重要的特点就是没有大的民族纠纷。"这里使用"真正的"三字,并非泛泛之语,而且具有很强的针对性和现实意义。这是对我国在改革开放中要坚持民族平等的庄严宣告,是对中国民族平等理论政策本质的揭示和强调,也是对国际上一些别有用心的人在民族问题上对中国发难的有力回击。

二、文化多样性:民族文化与民族区域自治的相互包容

中国各民族文化的发展实践证明:文化之间的相互包容和协同共进是民族发展繁荣的重要体现。

中华文明是各民族文化相互交往、相互接触、相互借鉴的历史结晶。中华文化的包容性是推动中华文化源远流长的重要动因和内在动力,主要体现在以下几个方面。

中华文化源远流长的发展历程体现出广阔的发展空间。民族区域自治制度作为推动和保障中华各民族文化繁荣发展的根本性制度设计,充分彰显了内在的包容性,中国共产党和中国政府通过长期的革命和建设实践,创造性地建立了以民族区域自治制度为核心的民族事务治理体系,有别于联邦制和民族自决权松散地、单一性地解决民族之间的交往问题,在中华民族认同基础上选择同一的多民族国家作为族际政治整合的模式,是各民族选择了最适

应、最匹配、最包容自身民族文化发展的制度模式。

中华文化博大精深的文化魅力和传承成就彰显了"海纳百川"的宽广雅量。我国各民族的文化，形成了相互尊重和相互借鉴的历史传统和传承惯性，能够较好地在吸纳其他文化的优秀要素的基础上保持自身的独特优势和特色，形成"你中有我，我中有你；你还是你，我还是我"的多样文化发展新格局，不同民族的多元文化，形成和汇聚了多彩的中华文化百花园。

中华文化的保护体系和传承机理保障了求同存异、兼收并蓄。尊重各民族的文化，保护、继承和发展民族文化是中国共产党的一贯主张。党和国家制定一系列的法律法规保护、开发和传承少数民族传统文化，使民族文化的保护和传承有法可依，有章可循，更提供了法制保障。

第一，在自治机关的设置级别上体现包容性。我国分别设有自治区、自治州、自治县（旗）三级民族自治地方，涵盖了全国各个层次的各个区域的民族自治诉求，既维护中央维护祖国统一、促进民族团结的中央权威，也满足各民族设立自治机关、行使自治权利的民族自治。三级民族自治地方的设立，有助于形成保护中华民族文化多样性的多层次地方保护主体。

第二，在民族自治地方的组织形式上体现包容性。我国的民族区域自治是以民族聚居区为基础，以民族成分、区域界线、行政地位为要素，其自治形式较大的灵活性。

第三，民族区域自治实现形式创新方面体现包容性。我国的民族区域自治在各民族文化相互包容和借鉴的基础上，在实现形式上不断衍生和创新，提出和形成了享受自治县待遇、城市民族区、民族自治市等方面的尝试性实现形式的创新建议。

第四，民族区域自治与其他民主形式之间的嵌入式发展彰显包容性。民族区域自治制度作为我国三大基本政治制度之一，与全国人民代表大会制度、中国共产党领导的多党和政治协商制度之间形成制度嵌入式发展，构成具有中国特色、民族特色的民主保障形式。

综上所述，我国的民族区域自治制度，既维护了国家统一和巩固了民族

团结，又实现了民族自治与民族的共同繁荣发展；既有灵活性，照顾了民族特点，又有包容性，照顾了民族差异；既使我国各民族在统一的社会主义祖国大家庭里和睦相处、和衷共济、和谐发展，又能够充分彰显民族特色、民族风格和民族底蕴，体现出宽广的制度包容性，更彰显了其巨大的制度优越性。

三、坚持和完善民族区域自治制度的时代价值

（一）是巩固和增强中国特色社会主义制度自信的体现

民族区域自治制度是中国共产党长期性地把理论与实践相结合，是解决当代中国民族问题的根本性政治制度，是中国特色社会主义制度的基本组成部分。民族区域自治自其在革命战争年代作为一种设想提出，到付诸实践并取得第一次成功到1947年内蒙古自治区成立，再到中华人民共和国成立后被写入1954年宪法，最后被确立为中国特色社会主义的基本政治制度，其经历了半个世纪之多。在这一历程中，民族区域自治制度及体现其主要内容的《中华人民共和国民族区域自治法》也得到了诸多完善，制度地位不断得到巩固。与此同时，制度实施取得了诸多成功，且越来越得到人们的认可。

（二）是推动和实现国家治理体系现代化的必然

国家治理体系在某种层面上可以理解为国家治理过程中形成的制度架构。民族区域自治制度是当代中国制度架构中的主干之一，自然也是构成国家治理体系的重要内容。"国家治理体系和治理能力的现代化"的提出，也就蕴含着对民族区域自治的制度现代化要求，以及对民族事务治理能力现代化的要求。就此而言，首先，是要正确认识到民族区域自治制度需要在坚持中不断完善。其次，还要准确把握新常态下民族事务治理的困境。在新常态下，国内经济社会结构发生了显著变化，民族治理问题与就业、升学、收入等结构性问题相交织，形成一种地域之间、民族之间的结构性差异。这种结构性差异，在各族人民跨区域大流动的现代化趋势下，与文化差异相遇时，很容易就会成为族际关系冷漠和族际冲突的催化剂。不仅如此，在今日全球

化的背景下,国内少数民族事务治理常常受到国际民族问题和一些别有用心的国际舆论的影响,这也进一步加大了民族事务治理的难度,使得民族事务治理过程中困境重重。

(三)是建设和振兴中华民族共同体的要求

民族是"接收和发送其族员利益信号的中转站",同时也会增加这些信号,并产生新的信号。而族群的多元性与利益的多样性又是同时存在的。如果任由这种多元性和多样性发展,势必会分散公民的利益关系,影响到国家的整体性利益。近年来,我们国家内部也流行着一种多样性和多元化的理论,冲击着一体化建设,而且在现实民族生态中,中华民族共同体的建构也是困境重重。

中华人民共和国的成立,是一个以中华民族作为民族基础的新生民族国家在世界东方屹立起来,表明中华民族获得了国家形式,而中国作为民族国家获得了民族内涵。若没有一个坚强的、凝聚的中华民族的真实存在,那么则有可能会产生国家性问题,危及国家的合法性。因此,当代中国完善民族区域自治制度的过程中,在促进各少数民族发展的同时,还应树立一种"求同"理念,即要以建设和振兴中华民族共同体为根本方向。

第四节 基层群众自治制度

一、基层群众自治制度的内容

我国的基层群众自治制度是指城乡居民群众以相关法律法规政策为依据,在城乡基层党组织领导下,在居住地范围内,依托基层群众自治组织,直接行使民主选举、民主决策、民主管理和民主监督等权利,实行自我管理、自我服务、自我教育、自我监督的制度与实践。我国的基层群众自治制度主要包括城市居民自治制度和农村村民自治制度,此外,还包括以职工代表大会为基本形式的企事业单位民主管理制度等。基层群众自治是社会主义民主

的直接体现,是人民当家做主最有效、最广泛的实现途径。

二、我国基层群众自治制度的特点

我国的基层群众自治与群众利益息息相关,能够反映群众诉求。基层群众自治制度的典型特征是民主和自我管理,我国的基层群众自治制度,从根本上把保障人民群众的权益放在首位,人民群众能够从中获得实实在在的权益,能够表达自己的利益诉求,能够保护自己的权利不受侵犯。人民群众通过直接选举居民委员会和村民委员会,决定与自身利益相关的事务,反映自己的利益诉求,维护自身权益,直接参与基层公共事务的管理。这也有利于调动人民群众参与的积极性,增强民主的广泛性和实效性,使广大群众在利益实现和权益保障下不断增强参与民主政治建设的积极性。

我国的基层群众自治在党和政府的主导下进行,能够坚持正确的方向。我国基层群众自治制度的建设与实践活动是在党和政府的领导支持下的人民群众的伟大创举。党的领导是基层群众自治健康发展的根本保证,这也是发展社会主义民主政治的一大政治优势。坚持党的领导,是基层群众自治坚持正确的政治方向,有计划、有步骤地稳定有序发展的根本保证。实践也证明,我国的基层群众自治制度较好地解决了我国人民民主发展问题,使得亿万人民群众广泛参与的民主政治建设健康有序地沿着正确方向发展,极大地推动了社会进步。

我国的基层群众自治与我国现阶段的经济社会发展相适应,能够促进经济社会发展。两者的适应主要体现在两个方面:一是在制度制定过程中,始终以推动和保障党和国家的中心工作为目标,与整体经济社会发展相适应。比如,农村村民自治制度是适应农村经济体制改革需要而产生的,对化解农村社会矛盾、解决"三农"问题、提高政府管理水平和农民素质,都起到了重要作用;城市社区居民自治制度则是适应城市基层社会管理和居民生活需要的产物,在解决城市社会发展中的矛盾和问题等方面发挥了重要作用。二是在实践推进中,基层群众自治实践的许多环节,都是围绕人民群众最关心、最直接、最现实的利益问题展开的,这既锻炼了群众的议事能力,又维护了群众的经济利益,体现了民主的目的性与手段性的统一。

三、基层群众自治制度的职能

（一）转变政府的职能

基层群众自治制度的建立,使基层群众直接面对社会管理活动,行使民主管理权力,管理基层事务,调整政府职能,使政府摆脱事无巨细却要管理的尴尬局面,从而能更好地集中人力、物力在宏观上对社会、经济进行管理和调控。

（二）推进社会民主进程

基层自治的不断发展和扩大,让更多的基层群众参与到管理社会事务中来,增强了基层群众平等、法制、民主的观念,扩大了基层群众的政治参与,加强了民主建设,奠定了中国特色社会主义民主的基础。

（三）为中国特色社会主义建设营造良好的社会环境

通过基层群众自治组织对基层事务的管理,能够发挥基层群众参与社会事务的主动性和积极性,监督政府机构的工作,遏制腐败,反映基层民众意愿,解决社会矛盾,从而为社会主义建设营造良好的社会环境。

四、基层群众自治制度的作用

基层群众自治制度是我国社会主义民主政治发展的基础。发展社会主义政治文明,必须扩大公民有序参与政治,动员和组织人民依法管理国家事务和社会事务、管理经济和文化事业。广大人民群众通过选举出来的人民代表大会代表组成全国人民代表大会和地方各级人民代表大会,行使当家做主的权利,同时,通过建立健全基层群众自治组织和民主管理制度,依法管理自己的事情。人民群众在城乡基层直接行使民主权利与代表制民主制度的有机结合,保障了人民代表大会制度这一根本政治制度在基层得到延伸。人民群众在基层群众自治实践中,学习和提高了民主协商、民主监督和参政议政能

力,为在更高层面上、更广范围内开展政治协商、参政议政奠定了坚实基础。

基层群众自治制度是人民群众直接参与社会主义民主政治建设的主阵地和重要平台。在我国城乡基层实行群众自治,以制度化方式保证城乡基层群众依法直接行使民主权利,开展民主选举、民主决策、民主管理和民主监督实践,实现自我管理、自我服务、自我教育、自我监督,参与基层公共事务和公益事业管理,是亿万城乡人民群众参与社会主义民主政治建设的重要内容。长期以来,广大基层人民群众利用基层群众自治这个主阵地和重要平台,依法行使民主权利,不断深化民主实践,充分表达意愿和诉求,增强了对民主政治的认同,调动了参与社会主义民主政治建设的积极性。基层群众自治制度正逐步成为推动社会主义民主政治建设最广泛、最可靠、最牢固的群众基础和力量源泉。

基层群众自治制度是我国最直接、最广泛、最生动的社会主义民主实践。强调实践、突出实践、扩大实践是基层群众自治制度的鲜明特性。实行基层群众自治制度,从做得到的事情做起,从广大人民群众最关心的事情入手,扎扎实实,一步一步发展基层民主,是发展中国特色社会主义民主政治实践的重要途径。目前,全国直接参与基层群众自治的农村人口达到6亿,城镇居民超过3亿。亿万人民群众通过亲身参与广泛的民主实践活动,依法创造自己的幸福生活,进一步推进了社会主义民主政治建设的总体进程。

第七章　社会主义核心价值观与体系

第一节　社会主义核心价值体系

一、社会主义核心价值体系的科学内涵

社会主义核心价值体系是立足于社会主义经济基础之上的价值认同系统，它涉及经济、政治、文化、思想等社会生活的方方面面，集中体现了社会主义意识形态的本质属性，是社会主义思想道德建设的指导方针，是激励全民族奋发向上的精神力量和维系全民族团结奋斗的精神纽带。我们必须全面准确地理解社会主义核心价值体系的深刻内涵，充分认识社会主义核心价值体系在大学生思想道德建设中的重要地位和作用，牢牢把握和谐文化建设的正确方向。

（一）灵魂是马克思主义指导思想

在社会主义核心价值体系这一有机体中，马克思主义指导思想居于最高层面，是对作为认识世界、改造世界的理论基础的马克思主义的价值认同，从根本上说，是对人类社会发展规律的价值认同。马克思主义是严密的、科学的，在此过程不断完善的思想体系，是认识和运用人类社会发展规律的科学，是全世界无产阶级和人民群众争取自身解放的锐利思想武器。

（二）主题是中国特色社会主义共同理想

中国特色社会主义共同理想是指对国家、民族追求的未来美好发展前景的价值认同。坚持马克思主义指导思想，认识和把握人类社会发展的规律，只有同现阶段中华民族的共同理想结合起来，才有其现实的价值。理想是一个民族复兴的方向，是一个国家站起来的动力，更是一个民族繁荣富强的向导。理想体现了人们对美好生活的向往和追求，是一个国家和民族奋勇前进的精神动力。树立中国特色社会主义的共同理想，就是要坚定中国共产党的

领导，走中国特色社会主义道路，全面建设小康社会和实现中华民族的伟大复兴。

（三）精髓是民族精神和时代精神

民族精神是指一个民族在长期的共同社会实践中形成的，为大多数成员所认同和接受的思维方式、价值取向、思想品格和道德规范的总和，是一个民族的生命力、凝聚力和创造力的不竭源泉。民族精神是一个民族在长期的共同生活和共同的社会实践基础上形成和发展的，为民族大多数成员所认同和接受的思想品格、价值取向和道德规范，是一个民族的心理特征、文化传统、思想情感等的综合反映。从一定意义上讲，民族精神是民族文化的本质和灵魂，具有统一性和连续性的鲜明特征。伟大的民族精神是中华民族最为深厚的历史情感的结晶，是古往今来千千万万中国人奋发向上、百折不挠的精神支柱，是中华民族生生不息、薪火相传、不断发展壮大的精神动力。实践证明，一个国家、一个民族的生存发展和事业繁荣兴旺，必须有民族精神作支撑。越是艰难困苦，越是危急关头，越要发扬民族精神。

时代精神是指一种在新的历史条件下形成的崇高精神，它以长期形成的中华民族精神为基础和依托，顺应了时代发展的呼唤，适应了中国特色社会主义建设的实践要求。从当今时代发展的要求来看，时代精神必须与时代发展大局相统一，对时代的发展产生重大的推动作用。展望国际风云，洞察当今世界的全球局势，综合国力竞争日趋激烈，中华民族要想在全球范围内的科技知识和经济文化竞争中占有一席之地，就必须弘扬主旋律，继承和发扬中华民族的传统民族精神，同时，弘扬以改革创新为核心的时代精神，大力倡导一切有利于改革开放和现代化建设的思想和精神，大力倡导一切有利于民族团结、社会进步和人民幸福的思想和精神，把我们源远流长的民族精神与时代要求相结合筑起一道新的长城，才能扬我国威，振我国魂，壮我国力，强我国民。

（四）基础是社会主义荣辱观

荣或辱不仅指人们在进行自我评价时产生的自尊或自愧的心理体验，而且还指社会在对人们的思想行为进行评价时形成的褒奖或贬斥。荣辱观是人们在依据一定的思想道德标准进行自我评价、社会评价的活动中,逐渐形成的关于荣辱观念的总和,是个别的、零散的荣辱观念的理性升华。在社会主义核心价值体系这一有机体中,社会主义荣辱观居于重要地位,它指的是对公民思想行为选择标准的价值认同。以"八荣八耻"为主要内容的社会主义荣辱观,贯穿爱国主义、集体主义、社会主义思想,集中体现了正确的世界观、人生观、价值观和道德观,表现了中华民族优秀文化的传统和蓬勃的生命力。它是对社会主义合格公民应该遵守的基本思想道德规范、法律法规和应该养成的健康文明的生活方式的高度概括,标志着我党对社会主义思想道德规范的概括达到了体现时代性、把握规律性、富于创新性的新高度。

二、坚持社会主义核心价值体系的必要性

社会主义核心价值体系具有无可比拟的先进性和强大的引领能力。马克思主义指导思想,中国特色社会主义共同理想,以爱国主义为核心的民族精神和以改革创新为核心的时代精神,社会主义荣辱观,构成社会主义核心价值体系的基本内容。这是我们党领导人民经过长期实践锻造而成的思想文化成果的精华,是我国各族人民团结奋斗的共同思想基础,是社会主义特有的、最主要的价值观,是中华民族历史长河中不断进步和完善中形成的价值体系,且代表着社会的发展方向。社会主义核心价值体系还具有广泛的适用性和包容性,体现思想道德建设上的广泛性要求,符合不同层次群众的思想状况,涵盖不同社会群体和社会阶层的不同诉求。因此,社会主义核心价值体系既是构建社会主义和谐社会的精神支柱,是联结各民族、各阶层的精神纽带,也是引领社会思潮的伟大旗帜,具有强大的整合能力和引领能力。

第二节 中华民族精神

一、中华民族精神的科学内涵

民族精神是一个民族赖以生存和发展的精神支柱,是一个民族的灵魂。

在五千多年的历史长河中,中华民族形成了以爱国主义为核心的团结统一、爱好和平、勤劳勇敢、自强不息的伟大民族精神。

爱国主义是中华民族几千年来凝结和积淀的最纯洁、最高尚、最神圣的,对自己祖国极其忠诚和热爱的深厚情感,它是中华民族文化的精神标榜,是动员和鼓舞人们为自己祖国的生存发展前赴后继、奋斗不息的思想根基与价值取向。

团结统一是指一个民族为了实现共同的理想和目标,凝聚全民族的意志、智慧和力量,同心同德、维护统一、顾全大局的互助合作精神。自古以来,中国各民族之间就存在着一种强烈的民族认同感,都以自己是"炎黄子孙"而自豪,都有维护国家统一、反对民族分裂的整体感和责任感。

爱好和平是指一个民族在同其他民族的交往中平等相待,友好相处,求同存异,团结合作,为了维护世界和平、促进共同发展而努力奉献的精神。中华民族是具有包容性的民族。在这过程中,也正是有了这种精神,中华民族才得以成为举世闻名的"礼仪之邦","亲仁善邻""讲信修睦"等先哲名言,充分体现了中华民族的各兄弟民族互帮互助、携手共进,以及与世界其他民族友好交往、休戚与共的海纳百川般的宽宏胸襟。

勤劳勇敢是指一个民族在改造客观世界的实践中表现出来的不惧艰难的精神。在中华民族的意识中,勤劳是一切事业成功的保证,是能够在芸芸众生中坚持下去,并且是得以弘扬的关键,是兴国立世之本,也是众德之首、万善之源。勤劳又是和勇敢紧密联系在一起的,"勇者不惧"就是要求人们面对艰险和强暴,要有无所畏惧和"富贵不能淫、贫贱不能移、威武不能屈"的精神。

自强不息是指一个民族所具有的独立自主、奋发向上、不断进取的人生理念。我国自古以来就有"天行健,君子以自强不息"之说,它体现为"夸父逐日""大禹治水""愚公移山""精卫填海"的不屈不挠的精神,体现为"因时而变""与日俱新""日新月异"的与时俱进、开拓进取精神。这些都是中华民族世世代代、生生不息的力量源泉。

近年来,中国共产党领导全国各族人民在进行革命、建设与改革开放的长期实践中,又形成了井冈山精神、长征精神、延安精神、西柏坡精神、铁人精神、雷锋精神、大庆精神、"两弹一星"精神等,并把中华民族精神提升到新的发展阶段。

二、中华民族基本特征

(一)中华民族精神具有追求和谐共生的基本特征

《易传》说:"天地之大德曰生。"在我国古代哲学观念中,天地之间有两种力量,一种被称之为"阳",一种被称之为"阴"。这两种力量相吸相斥,相推相摩,不断地推动新事物的产生。因此,天地是一个生生不息的大系统,宇宙间没有任何一个地方是安静的,都是处在生生不已的状态之中。天地有好生之德,故人应效法天,使得众多生物在这样的环境中得以生存并成长,这个原则被古代思想家概括成"仁"。

(二)中华民族精神具有尊道贵德尚义的基本特征

我们知道,天地之间的万事万物的变化是有规律的,古人把现象界背后的规律称之为"天道"。在中华民族的传统观念中,遵循天道是正,违逆天道是邪。中国思想史上的不同学派,虽然对于天道、地道、人道各有不同的认识,但无一不强调行道、得道的重要。历史上的思想家们俯而读、仰而思、辩而争,无一不是为了求道。中华民族正是出于对天地正道、天地正气的尊崇和景仰,才形成了尊道而贵德的伟大传统。

(三)中华民族精神具有昂扬向上、与时俱进的基本特征

《易传》说:"天行健,君子以自强不息。"意思是天道刚健,运行周而复始,永无止息,人作为天地之间的一物,就应该效法天道,不断进取。从此,"自强不息"就成为人们耳熟能详的一个成语,意为努力向上,永不懈怠,在这方面,古人给后人树立了榜样。孔子发愤忘食,乐以忘忧,不知老之将至。墨子兼爱天下,虽枯槁不舍。广大的劳动人民辛苦耕耘,不断劳作,在漫长的历史长河中发奋图强,使中华文明不断地发展与进步。

(四)中华民族精神具有博厚恢宏的基本特征

《易传》说:"地势坤,君子以厚德载物。"大地是博厚的,可以容纳和承载万事万物。中华民族从大地那里吸取了这种博厚能容的品质,形成了宽容的精神。老子所谓"有容乃大";《论语》所谓"尊贤而容众,嘉善而矜不能";荀子所谓"贤而能容罢,知而能容愚,博而能容浅,粹而能容杂",等等,都展示了中华民族精神的博厚恢宏特征。

三、弘扬、培育民族精神是现代化建设的必然要求

(一)激励全民族不懈奋进的精神力量

中华民族在数千年的发展历程中,历经坎坷而精神不坠,愈是遭遇挫折愈是奋起。从近代争取民族独立、人民解放和国家富强的斗争历程,到中华人民共和国成立后,不断克服各种艰难险阻,不断自我反思、自我超越的现实,特别是目前正在实施的全面建设小康社会的蓝图,具有强大的感召力和鞭策力。其根本原因,就是以爱国主义为核心的团结统一、勤劳勇敢、自强不息的中华民族精神的激励作用所致。

(二)规范、引导全民族进步的价值标准

当今世界局势纷纭复杂,经济全球化、政治多极化、文化多元化的世界格局在不断变化和发展,如何在国内市场经济条件下焕发精神,合理竞争,造成全民族不断向上的文化氛围和社会环境,真正做到以科学的理论武装人,以正确的态度和方式方法坚持下去,以高尚的精神塑造人,以优秀的作品鼓舞人,还需要在全面建设小康社会的实践中逐步解决。而要处理好这些问题,根本在于弘扬和培育中华民族精神,并用中华民族精神规范、引导全民族的进步。

(三)建设、发展先进文化的思想原则

当代我国现代化建设的一个极为重要的方面是建设中国特色社会主义文化。大力发展先进文化,努力改造落后文化,坚决抵制腐朽文化,是文化建设的必然要求。在这个意义上讲,弘扬和培育中华民族精神的时代意义,在

于其能够为先进文化的建设提供思想保障和精神支持。

（四）凝聚海内外中华儿女的精神纽带

中华民族是具有强大凝聚力的民族，中华民族精神是中华民族凝聚力的核心，是中华民族智慧的结晶，为海内外中华儿女所认同。以爱国主义为核心的团结统一、爱好和平、勤劳勇敢、自强不息的精神，是海内外中华儿女文化认同的基础，是增强中华民族凝聚力的价值源泉，如果没有中华民族精神的凝聚作用，就没有海内外中华儿女的团结统一，就没有中华文明的伟大复兴。

（五）正确应对全球化的挑战

正确应对全球化的挑战，坚持文化的民族性、独立性、自主性，使中华民族自立于世界民族之林的精神支柱。经济全球化已经是不争的事实，文化全球化也已经在扩展。但是，全球化并不等于一体化、同质化。"民族文化"仍然存在，"民族精神"仍然存在。那种认为全球化就是以西方发达国家的文化取代别的国家的文化的说法，那种认为全球化时代"民族精神"已经不复存在，坚持"民族精神"就是狭隘民族主义表现的观点，不是认识糊涂，就是别有用心。事实上，在当今竞争激烈的时代，在全球化的大时代下的民族利益之争、民族文化差异，不仅没有消失，反而在新的条件下表现得更为激烈、明显，要正确同应全球化的挑战，理性地参与全球化的进程，就必须坚持弘扬和培育中华民族精神。

四、关于中华民族精神教育的目的和意义

近年来，多数学者结合时代环境的变迁、人才培养的要求及国家和社会发展的实际需要对开展中华民族精神教育的目的和意义加以分析。在具体研究中，学者们主要从以下三个方面进行分析：第一，开展中华民族精神教育的目的在于弘扬中华民族五千年一以贯之的优秀精神，激发和培养全体民族成员的责任心和使命感，使他们在崇高精神的鼓舞下更好地为祖国的社会主义现代化建设事业服务。第二，中华民族精神教育是促进人的全面发展和进步的客观与现实需要，是提升国民素质的重要手段。第三，开展中华民族

精神教育是经济全球化进程中保持和发扬中华文化、延续并光大中华文明的需要。

五、推进弘扬和培育中华民族精神的指导理论的创新

弘扬和培育民族精神,方向是根本的问题,它决定着弘扬和培育民族精神的内容、方式和途径。中国共产党能够不断地丰富和发展中华民族精神,最关键的就是始终坚持用马克思主义的科学理论来指导弘扬和培育民族精神的实践,保证了弘扬和培育民族精神的正确方向。近代以来,各种各样的国民性改造方案,之所以都以失败、破产而告终,从根本上说,就是由于缺乏科学理论的指导,难以对中国传统文化做出理性的总结与批判,对西方文化做出科学的认识与反思,难以找到弘扬和培育民族精神的正确方向。民族精神是民族的灵魂,以什么理论作为弘扬和培育民族精神的指导思想,在本质上是一个民族、国家选择走什么样路的根本问题。中国共产党在反复的比较与借鉴中领导中国人民选择了马克思主义,选择了社会主义的正确道路。这一选择确立了马克思主义理论在中国人民精神世界的指导地位,指引中国革命和建设改变了中华民族的悲惨命运,也彻底改变了中国人的精神面貌,使中国人在精神上从"被动"走向"主动",民族精神得以弘扬广大。

回溯中国共产党弘扬和培育民族精神的理论与实践,正是由于始终如一地坚持以科学理论指导中国革命与建设,才为中华民族精神在不同历史时期的丰富和发展创造了良好的历史机遇、社会土壤和时代条件,使中华民族精神获得了时代性的发展与创新。

第三节 社会主义荣辱观

一、社会主义荣辱观的思想内涵及价值型

(一)社会主义荣辱观的思想内涵

以"八荣八耻"为主要内容的社会主义荣辱观,继承发展了马克思主义

经典作家及我们党领导集体关于社会主义道德建设的重要思想，在批判中继承，在继承中不断弘扬，同时又着眼于当代中国发展的全局，面向中华民族的未来，赋予社会主义荣辱观以鲜明的时代特征，具有深刻的思想内涵和理论价值。

要深入理解社会主义荣辱观与以往一切剥削阶级荣辱观的本质区别。在阶级社会中，荣辱观往往带有鲜明的阶级性。受社会历史、风俗习惯和文化传统等的影响，不同的时代、不同的阶级、不同的政党，有着不同的荣辱观。

要深入理解社会主义荣辱观与我们党几代领导集体关于荣辱的思想继承与发展的关系。中国社会主义荣辱观丰富和发展了我们党几代领导人关于荣辱思想的重要论述，全面系统地反映了我们党关于社会主义荣辱观问题的思想。

要深入理解社会主义荣辱观与党的一系列重大理论创新成果的关系。社会主义荣辱观的提出，既是对我们党关于社会主义核心价值观教育的宝贵经验的科学总结，同时又是从贯彻落实科学发展观、构建社会主义和谐社会、加强党的执政能力建设、加强党的先进性建设的高度，对加强社会主义思想道德建设的重要性和紧迫性的深刻认识。"以人为本"是科学发展观的本质和核心，提高人的素质是全面建设小康社会的重要目标。要树立正确的价值观、人生观，在不断成长中进一步完善，促进人的全面发展。构建以民主法治、公平正义、诚信友爱、充满活力、安定有序、人与自然和谐相处为基本特征的社会主义和谐社会，同样需要构筑全体人民共同遵循的道德规范和整个社会共同遵守的内在秩序。

（二）社会主义荣辱观的价值性

1. 社会主义荣辱观的道德价值

社会主义荣辱观为充满活力的时代确立了道德标杆。社会主义荣辱观做到了先进性与层次性统一，既是道德理想主义的旗帜，又是全体公民普遍认同和自觉遵守的行为准则，还是坚守道德底线与追求道德理想的统一。

2. 社会主义荣辱观的导向价值

社会风气是社会文明程度的重要标志，是社会价值导向的集中体现。树立良好的社会风气是广大人民群众的强烈愿望。随着改革开放的深入和社会主义市场经济的发展，我国社会道德风尚发生了可喜变化，呈现出积极健康向上的良好态势。但是，由于多种因素的影响，社会上一些错误和腐朽的文化思想、价值观念乘虚而入，出现了不少是非混淆、黑白不分、善恶不辨的社会现象。其重要原因，一方面是社会导向不力、不明；另一方面是评价标准过于抽象，缺乏可操作性。"八荣八耻"的社会主义荣辱观，着眼于重申和张扬当代中国传统文化的优秀传统和不同形态意识里好的东西，着眼于解决当前社会风气中存在的突出问题，具有很强的针对性和导向作用。因此，我们要理直气壮地倡导"八荣八耻"，大力弘扬社会正气，旗帜鲜明地营造扬荣抑耻的良好社会风尚，让社会主义荣辱观的价值导向成为引领社会风尚的一面旗帜。

3. 社会主义荣辱观的保障价值

社会主义市场经济的发展，大大增强了人们的自立意识、竞争意识、效率意识、民主法制意识和开拓创新精神，但市场经济的缺陷和消极因素也会反映到人们的思想道德和人与人的关系上来。通过树立社会主义荣辱观，发挥道德力量规范市场经济的功能，从而有效抑制市场经济的负面作用，确保市场经济的社会主义方向，使市场经济沿着社会主义的正确轨道逐步完善，让市场经济更好地为社会主义现代化建设服务。

4. 社会主义荣辱观的精神动力价值

实现社会的民主法治、公平正义、诚信友爱、充满活力、安定有序、人与自然和谐相处是建设和谐社会的必然要求。这昭示我们，思想道德领域的建设和发展，既是构建和谐社会的应有之义，也是实现社会和谐的重要条件。构建社会主义和谐社会，需要全体人民有共同的道德遵循，需要整个社会有稳定的内在秩序。一个精神缺失、进退无据、无所依凭的社会不可能构成和谐，一个荣辱颠倒、是非混淆、美丑错位的社会无法实现和谐。正如胡锦涛总书记指出："一个社会能否和谐，一个国家能否长治久安，很大程度上取决于全体社会成员的思想道德素质。没有共同的理想信念，没有良好的道德规范，是无法实现社会和谐的。"树立社会主义荣辱观不仅是单一的道德意义上的"重大而紧迫的战略任务",它是关乎政治、经济、思想、社会、文化、道德等多领域的一个当代哲学命题,是整个社会相处中,不断进步的关键所在。我们只有把和谐社会的理想建立在正确荣辱观的基础之上,才能正确认识和处理人与人、人与社会、人与自然之间的辩证关系,明确分辨是非真假、善恶美丑,协调各种利益关系、化解各种社会矛盾,整个社会才能形成以和谐为美、以和谐为真、以和谐为荣的价值共识。"八荣八耻"作为社会主义意识形态,对社会主义经济、政治、文化、社会建设具有重要作用,它所主张的道德规范,与和谐社会的目标相一致,必将为构建和谐社会提供强大的精神动力。

二、深刻理解树立社会主义荣辱观的必要性

树立社会主义荣辱观是贯彻落实科学发展观、构建社会主义和谐社会的客观要求。任何民族、任何国家、任何社会的存在和发展,都需要有一定的社会主导价值观的强力支撑。当前,我国正处于改革发展的关键时期,人们思想活动的独立性、选择性、多变性、差异性明显增强,迫切需要建立与社会主义市场经济体制相适应的正确的社会主导价值观。以"八荣八耻"为核心的社会主义荣辱观,从整体上精辟概括了社会主义社会的主导价值观,旗帜鲜明地指出了在社会主义社会里,什么是真、善、美,什么是假、恶、丑,应当坚持什么、反对什么,提倡什么、抵制什么,明确了当代中国最基本的价值取向和行为准则,是引领社会风潮的重要标志,也是我们应该为之而看齐的重要风向标。只有这样才能保障社会主义市场经济健康发展,促进社会主义先进文化建设,为实现经济社会又快又好发展和构建社会主义和谐社会创造良好条件。

树立社会主义荣辱观是形成良好社会风尚的迫切需要。社会风尚是指社会上流行的风气和习惯,它是衡量社会文明程度的一把重要标尺。以"八荣八耻"为关键内容的社会主义荣辱观,科学阐明了在我们的社会里,什么样

的思想行为应当受到肯定和褒奖，什么样的思想行为应当受到否定和贬斥，有利于激励人们加强思想道德修养、不断升华精神境界，进而形成学习先进、抵制邪恶的良好社会风尚。

树立社会主义荣辱观是培育新时代社会主义"四有"新人的根本要求。造就时代新人，事关民族的繁荣昌盛和国家的兴旺发达。早在中华人民共和国成立之初，毛泽东同志就高瞻远瞩地提出了培养千百万德、智、体全面发展的社会主义事业接班人的战略任务。在改革开放的新时期，邓小平同志继承发展了毛泽东同志的这一思想，把新时期社会主义事业接班人的基本要求概括为"四有"，即有理想、有道德、有文化、有纪律。在推进中国特色社会主义事业的实践中，江泽民同志也非常重视初中生的思想道德教育问题，并结合发展了的实际，进一步丰富了培育社会主义"四有"新人的思想。以"八荣八耻"为主要内容的社会主义荣辱观，是对中国特色社会主义事业需要的合格公民提出的新要求，也是指引初中生健康成长为社会主义事业合格建设者和接班人的行动指南。

三、针对不同主体，切实加强社会主义荣辱观教育

首先，对全体公民而言，每一位公民都应该加强自身道德修养，树立正确的荣耻观念。一方面，我们应该积极主动的引导公民，帮助他们学习、选择、认同正确的荣辱观；另一方面，还要特别注意加强社会主义荣辱观的制度建设。如果社会缺乏配套的奖惩机制，缺乏相应的制度保障，道德的选择得不到应有而及时的褒扬；服务人民、诚信守法、辛勤劳动反倒成为一种负担，而造假、违规反而被社会容忍甚至追随；有德行的人得不到社会荣誉的肯定，不道德的、不以耻为耻的人也得不到应有的贬斥，这种荣辱评价不明、道德赏罚不公的现象，必然导致荣誉与耻辱的二律背反。在这样的状态下，就会引发出不利于社会道德建设和社会和谐发展的一些恶性循环的情况。

其次，对不同的具体道德主体，加强社会主义荣辱观的方法也应该有所差别。

对党员领导干部同志，先要特别重视正确处理义与利的关系。党员领导

干部同志应充分认识"义利"的重要性,在经济、政治以及生活领域中,都应该时刻做到"重义轻利""先义后利""见利思义",而不能"得利轻义""见利忘义""唯利是图",要学会以义制利,正确看待现实生活形形色色的功利引诱。然后要强化道德意识,要和党中央保持高度一致,和同志们同心同德;要努力做一个正直高尚、诚实守信的人,为人处事要公道,待人接物要诚恳;要维护团结;要理解、支持、帮助群众,与人民群众共命运,同呼吸。

对广大初中生,应着重加强其在个人社会化进程中的健康道德人格的培养。人的荣辱观念不是与生俱来的,是通过教育特别是学校教育逐步形成的。初中生时期是世界观、人生观、价值观形成的关键时期,在这个过程中应该形成正确的世界观、价值观、人生观,形成正确的是非、善恶、美丑观念,对于他们人生道路的选择具有极其重要的作用。

对个体户、私营企业主,应该重奉献而轻索取,它是推动人类文明进步的巨大道德力量,任何为人所敬仰的人均具有这种优良的传统美德。个体户和私营企业主都要讲究诚信,珍视信誉,应自觉接受社会的诚信监督

对广大农民和工人,应加强集体主义教育。在目前的特殊社会转型期,有不少农民因土地被征收而成为失地农民,也有不少工人因失去工作而成为下岗工人,对于这种情况,应充分看到这是改革与发展的代价,这是暂时性的牺牲小我而成就大我,要以宽阔的爱国胸襟承受暂时的生活压力。还应教育引导广大农民、工人戒奢戒逸,继续保持艰苦奋斗的作风,继续拼搏,为社会做贡献。

四、以社会主义荣辱观,加强对初中生的教育和引导

提高师德建设水平,以教师示范作用引领初中生学生树立社会主义荣辱观。教师是人类灵魂的工程师,是初中生学生成长的引路人。教师的思想政治素质和职业道德水平直接关系到亿万初中生的健康成长。广大教师要自觉践行社会主义荣辱观,发挥示范和带头作用,身体力行地带领初中生树立社会主义荣辱观;要有强烈的职业荣誉感、历史使命感和社会责任感,以培育

优秀人才、发展先进文化和推进社会进步为己任,站在时代的前列,努力成就为人民服务的自我素养;要爱岗敬业,乐于奉献,自觉地履行教书育人的神圣职责,以高尚的情操引导学生全面发展;要自觉加强师德修养,模范遵守职业道德规范,以身作则,言传身教,为人师表,以自己良好的思想和道德风范去影响和培育学生;要坚持科学精神,模范遵守学术道德规范,大力发扬优良的学术风气。

教育系统要把提高师德水平作为开展荣辱观教育的前提,在师德建设中突出开展社会主义荣辱观教育活动,以热爱学生、教书育人为核心,以"学为人师、行为示范"为准则,以提高教师思想政治素质、职业理想和职业道德水平为重点,弘扬高尚师德,力行师德规范,强化师德教育,优化制度环境,不断提高师德水平,造就忠诚于人民教育事业、为人民服务、让人民满意的教师队伍,特别是要严格对学生思想政治教育工作队伍的选拔、任用、培养和考核,加强对学生辅导员、班主任的教育、管理和培训,使其成为直接面对学生弘扬社会主义荣辱观的表率和模范。

抓好环境育人,为初中生树立社会主义荣辱观营造良好氛围。环境具有潜移默化的育人功能,因此,在初中生中开展社会主义荣辱观教育要特别注意营造良好的氛围,做到环境育人。学校要以社会主义荣辱观教育为导向,建设优良的校风、教风和学风,努力建设体现社会主义文化特点、时代特征和学校特色的校园文化,使学校成为发展社会主义先进文化的重要基地、示范区和辐射源。要以社会主义荣辱观教育为内涵,开展丰富多彩、健康向上的校园文化活动,弘扬主旋律,不断满足学生日益增长的精神文化需求。要以社会主义荣辱观教育为动力,不断优化校园人文、自然环境,突出高品位,注重管理和积累,推动形成厚重的校园文化积淀和清新的校园文明风尚,使学生在日常学习、生活中接受先进文化的熏陶和文明风尚的感染,在良好的校园人文、自然环境中陶冶情操,全面发展和健康成长。学校还要注意与家庭、社会密切配合,围绕社会主义荣辱观教育的基本内容各负其责,加强协作,形成工作合力,共同营造有利于青年学生树立社会主义荣辱观的环境和氛围。

五、加强社会主义荣辱观的宣传教育

（一）要大力开展树立社会主义荣辱观的教育活动

教育是社会主义荣辱观养成的外部机制的基础。宣传以"八荣八耻"为主要内容的社会主义荣辱观要在深入普及上下功夫，要大力开展深入学习社会主义荣辱观的教育活动，深刻理解社会主义荣辱观的重大意义、科学内涵和基本要求，使之家喻户晓、深入人心。

（二）要大力加强各类学校的社会主义荣辱观教育

树立和实践社会主义荣辱观必须在各类学校开展社会主义荣辱观教育，引导社会公民尤其是初中生形成社会主义荣辱观。充分发挥文化启迪思想、陶冶情操、传授知识、鼓舞人心的积极作用，发挥思想品德课的主渠道作用。

（三）要将荣辱观教育同开展爱国主义、集体主义、社会主义教育紧密结合起来

社会主义荣辱观包含着爱国主义、集体主义、社会主义的丰富内容。树立和实践社会主义荣辱观要同开展爱国主义、集体主义、社会主义教育紧密结合起来，要通过教育和实践，增强广大人民群众对祖国的深厚感情和民族自尊心、自信心、自豪感以及对走中国特色社会主义道路的信心。

六、树立和坚持社会主义荣辱观具有突出的时代意义

第一，树立和坚持社会主义荣辱观是落实科学发展观的内在要求。科学发展观是指导我国社会实现全面、协调和可持续发展的思想指南。落实科学发展观不仅体现在对经济社会发展的物质层面的要求上，也体现在对思想文化和道德领域的发展要求上。

第二，树立和坚持社会主义荣辱观是构建社会主义和谐社会的必要条件。社会主义和谐社会的基本特征是民主法治、公平正义、诚信友爱、充满活力、安定有序、人与自然和谐相处。这些基本特征所代表的社会秩序和社会环境的营造，需要人们具备相应的道德素质和伦理精神，需要用正确的荣辱标准来帮助人们进一步认识和把握这些特征，从而养成符合和谐社会要求的道德品质。

第三,树立和坚持社会主义荣辱观是保持党的先进性、提高党的执政能力和领导水平的坚实保障。树立和坚持社会主义荣辱观是对人们在道德观和价值观上的基本要求,更是对居于执政和领导地位的中国共产党在思想道德建设上的基本要求。

第四节 社会主义核心价值观

一、全面理解社会主义核心价值观的丰富内涵

习近平总书记"五四"重要讲话从历史与现实的维度、理论和实践的角度,深入剖析了核心价值观的历史传承和丰富内涵,深刻阐明了社会主义核心价值观对于当代中国发展进步的深远意义和重要作用,是对社会主义核心价值观最全面、最深刻、最完整、最系统的阐述,为广大青年自觉践行以及全社会共同坚守社会主义核心价值观,指明了修身立德的着力点和培育弘扬的落脚点。

第一,揭示了核心价值观对于民族、国家发展的重要性。习近平总书记指出:"国无德不兴,人无德不立。如果一个民族、一个国家没有共同的核心价值观,莫衷一是,行无依归,那这个民族、这个国家就无法前进。"这句话道出了一个颠扑不破的真理:一个国家的强大与否,是否能够在国际上有话语权,离不开强大精神的支撑;一个民族的发展繁荣,离不开先进文明的成长。精神是一个人昂扬向上、开拓进取的支撑与动力,是一个民族和国家挺直身板的脊梁、破浪前行的罗盘。而全社会共同认可的核心价值观,正是一个民族一个国家最持久、最深层的精神力量。

第二,阐释了社会主义核心价值观的丰富内涵。习近平总书记从国家、社会、公民的价值要求,从当代、历史、国际等多个角度,从传统文化和个人理想信念等不同层面,精辟论述了社会主义核心价值观的历史渊源、发展脉络、构成要素。社会主义核心价值观既体现了社会主义本质要求,继承了中华优秀传统文化,也吸收了世界文明有益成果、体现当今时代精神。"三

第七章 社会主义核心价值观与体系

个倡导"从国家、社会、公民三个层面,提出了从宏观到微观、从整体到个体应该坚守的共同价值要求和需要践行的道德行为准则,从理论和实践两个方面回答了我们要建设什么样的国家、建设什么样的社会、培育什么样的公民的重大问题。我们在新的历史条件下坚持和发展中国特色社会主义,必须坚持走自己的路,必须顺应世界大势,必须坚定中国特色社会主义自信。社会主义核心价值观,正是我们坚定不移继续走中国特色社会主义道路的价值基础,也是我们坚守道路自信、理论自信和制度自信,朝着"中国梦"不断奋进的力量源泉。

第三,指明了青年树立和培育社会主义核心价值观的正确途径。习近平总书记在"五四"重要讲话中勉励广大青年要"勤学、修德、明辨、笃实"。总书记八个字箴言内涵丰富,寓意深刻,体现了正确的道德认知、自觉的道德养成、积极的道德实践三者之间的有机统一,揭示了青年自觉践行社会主义核心价值观的努力方向,对于指导青年走好人生道路具有重要意义。这四个方面,既对培育和践行社会主义核心价值观提出了基本要求,又指明了其重要途径和有效方法。勤学是前提,只有刻苦努力,不断坚持,才能真正将社会主义核心价值观内化于心、外化于行。修德是基础,只有注重品德修养和道德实践,既立意高远、又立足平实;既修好公德、又修好私德,才能真正担起历史赋予的重任。明辨是保障,只有善于明辨是非,善于决断选择,才能正确把握青春奋斗与奉献的航向。笃实是关键,只有扎扎实实干事、踏踏实实做人,一步一个脚印往前走,才能在时代大潮中建功立业,成就宝贵人生。

二、社会主义核心价值观与初中生

(一)社会主义核心价值观与青年信仰教育的契合逻辑

1. 保障青年信仰教育的政治方向

社会主义核心价值观是社会主义性质的核心价值观,是属于社会主义思想范畴的价值观念体系,它在根本性质和方向上鲜明地体现了社会主义而非任何其他社会制度的属性与要求,其服务方向是明确和彻底的,即为社会主

义服务、为人民服务。社会主义核心价值观的这种性质和定位，势必要求保证青年信仰教育正确的政治方向，将广大青年的信仰教育引导和规范到马克思主义理想信念教育的正确方向和轨道上。因此，在这过程中更应该坚持正确的核心价值观，并以之引领青年信仰教育，预示着从价值引领高度进一步增强广大青年对于马克思主义信仰的认同，以及对于社会主义的道路自信、理论自信、制度自信、文化自信，使他们以马克思主义价值理想与奋斗目标为人生奋斗的指针和崇高精神追求。

2. 回应青年信仰教育的时代诉求

不同于一般的知识传授或技能培训，作为一种特殊的教育实践活动，信仰教育实质上就是理想信念的教育。这样一种教育在青年中之所以可行，就在于青年的未完成性和创造性。可见，青年的信仰教育是一种有别于知识技能类教育的特殊教育，它主要是将培育世界观、人生观、价值观和理想信念以满足青年需求作为最根本的价值追求。当前，要加强青年信仰教育，就必须在青年群体中积极培育、弘扬和践行社会主义核心价值观，使之为青年信奉、坚守和践行。

3. 规约青年信仰教育的内容架构

从内容构架上分析，社会主义核心价值观是相辅相成、紧密联系的有机整体，涵摄从个体、社会到国家等不同层级的价值目标与属性要求，体现阶段性和层次感等十分鲜明的构建特征和属性要求，富强、民主、文明、和谐是国家层面的价值目标，自由、平等、公正、法治是社会层面的价值取向，爱国、敬业、诚信、友善是公民个人层面的价值准则。正是由于三个层面的有机涵摄及紧密关联，社会主义核心价值观才成为继社会主义核心价值体系提出之后，更加注重突出重点、更加注重凝练表达、更加强化实践导向的价值观念体系。而由这三个方面有机架构而成的社会主义核心价值观的属性与要求，对于青年信仰教育的内容架构建立和构成具有重大的启发价值。

（二）当代青年要以社会主义核心价值观为基本遵循

习近平总书记指出："青年是标志时代的最灵敏的晴雨表，时代的责任

赋予青年,时代的光荣属于青年。"在新的历史起点上实现新的奋斗目标,需要青年以社会主义核心价值观为基本遵循,立足当下坚定理想信念,继承发扬古今中外优良传统,担负历史重任走在时代前列。

1. 立足当下坚定理想信念

当代青年践行社会主义核心价值观,需要立足两个基本点:一是立足中国特色社会主义实践,弄清楚国家发展"从哪里来,到哪里去"的问题,有针对性地将社会主义核心价值观还原到现实生活动中可感知的东西。二是处理好青年个人梦同实现中国梦的辩证关系,厘清"当代青年与时代责任的互动关系",从而明确定位个人发展方向。一方面,不同的时代造就不同的青年。在不同历史时期、历史背景下,青年作为社会的一个特殊群体具有不同的特质。从旧时代到新时代大变革大调整的历程中,青年往往更富于革故鼎新的创造力、敏锐的洞察力和强烈的变革力。另一方面,当代青年能够创造新时代。伴随时代的变迁,当代青年具有较强的主体意识和自我观念,在民族情感、文化认同和政治参与方面呈现出更多的热情和理性。

2. 继承发扬古今中外优良传统

马克思曾说:"人们自己创造自己的历史,但是他们并不是随心所欲地创造,并不是在他们选定的条件下创造,而是在直接碰到的、既定的、从过去承继下来的条件下创造。"其中"直接碰到的""既定的""继承下来的"条件内在地包含着古今中外的优良传统,当代年轻人应不断坚持正确的价值观的引导,坚持正确的道路不断前行。

3. 担负历史重任走在时代前列

培育和践行社会主义核心价值观不仅要体现我国特定的历史文化背景,更要结合我国当前社会发展目标,适应我国当前需要解决的时代问题。当代青年担负历史重任走在时代前列要正确处理两个关系:一是民族精神和时代精神的深度融合。二是实现中华民族伟大复兴和追求人类和平发展时代主题的良性互动。随着综合国力的显著增强,国际地位不断提升,国际影响力日益扩大,我国用自己的百年奋斗赢得了世界的尊重。但是,我国不会认可"国强必霸"的逻辑，坚持走和平发展道路。和平发展是当今时代的主题，这是世界各国的广泛共识，也是我国社会主义现代化建设的必然选择。当代青年践行社会主义核心价值观，要把实现中华民族伟大复兴的中国梦同追求人类和平发展的时代主题相统一，实现二者相辅相成、相互促进。

第八章 思想道德素质与健康

第一节 初中生的思想道德建设

一、初中生思想道德建设与学校教育

（一）整合学校思想道德教育内容，落实思想道德教育在学校工作中的重要地位

思想道德教育的方向和目的是以加强学校的各方面的精神建设，是对初中生一代思想道德素质的总要求。学校思想道德教育的对象是初中生，他们正处在身心发展的关键时期，非常容易受到各种因素的影响。学校的政治教育、思想教育、道德教育、法制教育及心理健康教育任何一方面的缺失，都会使初中生的全面、持续发展受到限制和影响。但就道德、思想、政治、法制及心理素质之间的关系及其在初中生成长过程中的作用而言，思想道德教育更为关键。

（二）以初中生为主体，将思想道德教育回归初中生的生活世界

由于学校思想道德教育长期采取以学科为主的教学模式，初中生在教学中获得的仅仅是关于思想道德的知识，而不是思想道德主体的建构，初中生个体成为知识的"容器"。要改变这种把初中生视为"美德袋"，强制他们去服从各种社会思想道德规范的做法，必须改变学校思想道德教育中单一的"灌输式"教学模式，贯彻"以人为本"的教育理念，在创建民主和谐的思想过程中，应该提高学生的精神建设让他们参与到实践中来，使他们在主体性教育活动中真正提高思想道德觉悟，形成正确的世界观、人生观和价值观。

（三）改革学校教育管理模式，进一步提高教师的思想道德素质

学校必须反思和改革传统的管理模式，从而提高学校思想道德教育工作的实效。学校管理模式的改革主要包括以下几个方面：第一，学校管理工作

者要不断更新教育理念,对当代学校思想道德教育改革问题形成科学认识。第二,厘清思路,制订系统的学校思想道德教育工作方案。在具体分析学校思想道德教育工作的状态、问题、优势和潜力的基础上,发动广大教师广泛参与,制订学校思想道德教育工作的总体规划,有计划、分步骤地按要求贯彻实施,使学校思想道德教育落到实处。第三,强化制度导向,完善激励机制,激发广大教师的工作热情,使思想道德教育成为学校教育中最基本、最经常、最有效的工作,使学校思想道德教育能够"时时有人抓,处处有人管"。第四,还要进一步提高教师的思想道德素质,这是提高学校思想道德教育实效性的根本保证。

二、社会心理对初中生思想道德建设的制约作用及特点

马克思主义唯物史观认为,社会存在决定社会意识,社会意识是社会存在的反映。社会心理是在特定的历史条件下形成的,没有经过职业思想家加工制作的精神状态,是对社会存在的直接反映,其内在品质决定了社会心理对初中生思想道德建设的制约作用必然具有相对性、潜在性、持久性、复杂性和广泛性等特征。

初中生思想道德建设作为提升初中生思想道德素质的社会化实践活动,是思想政治工作者对社会环境,包括社会心理环境变化所做出的选择性适应过程,因此,必然要受到社会心理因素的影响和制约。社会心理主要包括以下几种。

(一)个体社会心理

个体社会心理主要表现为社会行为主体在社会化过程中所形成的自我意识、社会认知、社会态度等。

(二)群体社会心理

群体社会心理表现为社会行为主体在社会化过程中所形成的群体文化心理和民族心理等。

(三)社会交往心理

社会交往心理是指社会行为主体在社会交往过程形成的人际关系心理、

人际沟通心理、社会影响心理等。

社会心理既存在于初中生思想道德建设的系统内部,初中生作为社会行为主体在社会化过程中形成的自我意识、社会认知、社会态度,以及社会交往心理和群体心理,都是影响和制约初中生思想道德建设的社会心理因素;又存在于初中生思想道德建设的体系外部,尤其是内在地包含着民族价值取向、民族情感和民族性格的民族心理对初中生思想道德建设的影响和制约更是具有典型的意义。

三、当前影响初中生思想道德建设的障碍因素

(一)教育功能上的德、智失衡

近年来,虽然"转变应试教育为素质教育"的呼声很高,全面推进素质教育的指令和号召很强,但终究未能改变教育功能的"一切围绕考试分数转"。考试分数、升学率,依然是衡量一些中学声望和地位的首要标志,仍在主宰着中学的教学。在以考试分数论成败的升学率面前,智育怎能不被抬到一个至高无上的地位,德育怎能不退居其后。

(二)"望子成龙"中的重心偏误

"望子成龙""望女成凤",已成为当今父母者期盼的重心,在许多家长的心目中已从德才兼备向"注重学习成绩"偏移。父母关心初中生的学习成绩,本为人之常情。然而把学习成绩作为唯一目标,"只能考好不能考坏","学习成绩排名只能靠前不能靠后",连一次小测验都要看名次排位,往往在孩子稚嫩的心理造成难以承受的压力,导致孩子厌学、逃学,甚至违法犯罪等行为,则常常由此而发生。

(三)文化市场上的审美错位

一本好的文学作品,一首好的音乐歌曲,一部好的戏曲影视,可以鼓舞初中生从善如流,乐观自信,积极向上;一部不健康的文学艺术作品,也可以把初中生引向善恶颠倒、美丑不分,意志消沉。而今,令人忧虑的是文化市场出现了审美的错位。誉庸俗贬高尚,誉感觉贬理智,誉调侃贬拼搏,誉

奢侈贬勤俭，而这些颠倒是以文学、艺术、音乐、影视的形式出现，寓于求知求美的阅读和观赏之中，对审美观赏辨别能力比较弱的初中生具有更大的腐蚀性和诱惑力。

（四）网络、短信的监管乏力

网上冲浪，已成为初中生追逐的新潮。"网络是一个'天使'与'恶魔'同在，鲜花与陷阱并存的世界"。它既是一个新的信息源，有利于现代素质的培养，又是一个新的伤害源，使用不当会危及初中生的身心健康，不可掉以轻心。

四、实践是初中生思想道德素质培养的根本途径

实践的观点是马克思主义哲学首要的和基本的观点。马克思在《关于费尔巴哈的提纲》中指出："哲学家们只是用不同的方式解释世界，问题在于改变世界。实践是人能动地改造世界的活动。"实践把居于能动与主导方面的主体和居于依据与基础方面的客体联结起来，形成了改造关系，它改造着自然界，改造着社会，改造着人们之间的关系和人自身。实践是社会生活的基础，是人在世界上的自我肯定。没有人的实践，所有的社会价值和产生的社会意义都是不存在的。因此，实践是初中生思想道德素质培养的根本途径。一切价值，包括初中生思想道德素质在内，都是人在实践中运用工具改造客体、改造主体，以及改造主客体关系的结果。

在初中生思想道德素质培养过程中，在必然要发生价值主体（人类和社会）对初中生思想道德素质培养的认识关系的同时，还必然要发生价值主体使初中生思想道德素质培养满足自身一定需要的价值关系。要完善初中生思想道德素质培养，不仅要科学地认识初中生思想道德素质培养已然的状态，而且要科学评价初中生思想道德素质培养的应然状态，形成自己的认识判断和价值判断，进而在实践中培养初中生思想道德素质，并随着实践和认识的发展不断丰富初中生思想道德素质的内涵。可见，离开实践，初中生思想道德素质的实现就无异于一纸空文。年轻人在思想道德的建设中加大着力点，

在从其过程看,是教育者对受教育者施加思想道德素质影响,以及受教育者接受教育影响相统一的过程。在这一过程中,教育主体、客体、介体和环体四要素之间的相互作用和变化发展,决定着初中生思想道德素质的有无或强弱。从这个意义上讲,实践不仅是初中生思想道德素质培养的源泉,同时又是初中生思想道德素质培养的根本途径。

五、在科学发展观下推进思想道德素质

科学发展观的根本要求是统筹兼顾,要对初中生思想道德素质建设起指导作用。随着改革开放的深入和现代化建设的推进,我们面对的社会利益主体更多,领域更广,利益关系也更复杂。科学发展观要求我们的发展要更加注重统筹兼顾,更好地妥善处理当前各方面突出矛盾、协调好各种利益关系,实现全面、协调、可持续发展。科学发展观所强调的统筹兼顾、全面、协调可持续发展的重要思想,是针对我国经济和社会发展提出来的,但它揭示了社会各系统、诸要素普遍联系、互相作用、协调发展的本质特征,能够折射出事物发展的规律,其深邃的思想内涵和科学原则理念对包括初中生思想道德建设在内的各项事业的发展,都具有普遍、直接、现实的指导作用。

六、新形势下推进初中生思想道德素质的对策

(一)优化社会环境,形成德育教育的社会合力

除学校之外,社会是对初中生进行思想道德教育的大课堂,它对于初中生的思想道德教育起着至关重要的作用。在新形势下,要加强初中生的思想道德建设和全面发展。社会教育是家庭教育和学校教育的延伸,加强和改进初中生的思想道德教育,是全社会的共同责任,需要社会有关部门和各个方面的全力配合与协作。相关部门应当把新形势下初中生的思想道德教育摆在重要工作日程上,积极发挥各自的优势资源,有机整合爱国教育基地和政法部门等德育资源,协同合作,形成全社会进行初中生德育教育的合力。

(二)完善教育体制,加强学校德育教育

对于广大初中生而言,学校既是他们学习知识的场所,也是他们接受思

想道德教育的场所。这就决定了学校必须高度重视并确实落实好初中生的思想道德教育，充分发挥其在初中生思想道德教育中的优势。在新形势下，学校必须高度重视校园文化建设，全面贯彻素质教育方针，把德育放在素质教育的首位并真正落到实处。例如，在全校以思想道德教育课程为依托，开展相关的德育实践主题活动，丰富初中生的德育生活，加强初中生的全面能力的提高，使学生逐渐形成自我管理和自我发展的能力。

（三）提高家长素质，树立正确的家庭教育理念

家庭教育对初中生的健康成长有着不可替代的作用，其对初中生的思想道德教育方面的影响是潜移默化、细致入微的。家庭的作用是其他任何形式都无法替代的。因此，应当高度重视家庭教育对初中生思想道德的影响。家庭教育的核心内容应是培养初中生高尚的道德情操，尤其应侧重于对初中生的伦理观念和个人修养方面的教育。家长作为家庭教育的主要参与者，应树立正确的家庭教育观念并掌握科学的教育方法，在对自己的子女和朋友在交流沟通时，应不断提高自身素质，更新自己的家庭教育理念，提高教育子女的能力。

（四）净化网络环境，积极打造网络德育教育的绿色通道

随着互联网的普及，网络在初中生的成长过程中扮演着举足轻重的角色。由于互联网络的开放性和广泛性，网络在为初中生思想道德建设带来便捷的同时，也带来了一定的隐患。因此，加强初中生的思想道德教育，相关部门必须加强对网络环境的管理和建设，指导初中生健康文明上网，活跃和丰富初中生的网络文化生活，严厉打击传播不良信息的营业性网咖，积极打造网上信息传播的绿色通道。

（五）充分调动初中生参与思想道德教育的积极性和主动性

德育工作者若能充分调动初中生参与思想道德教育的积极性和主动性，对于初中生的思想道德教育则可以起到事半功倍的效果。因此，德育工作者一定要坚持贴近实际、贴近生活、贴近初中生的原则，积极开展主题教育实践活动，这是新时期加强初中生思想道德教育的重要途径之一。在实践中，

践行德育工作者自我榜样的力量,从自身做起,从一点一滴做起,充分调动初中生参与思想道德教育的积极性和主动性,进而提高他们的思想道德。

第二节 初中生体质健康促进

一、我国初中生体质健康的现状

（一）视力健康现状

纵观如今的中小学课堂,佩戴眼镜的学生数量十分庞大,许多学生年纪还很小便成了"眼镜一族",随着年龄的不断增长,眼镜的度数也呈现出不断上升的趋势,初中生的整体视力状况十分不乐观。不仅如此,随着我国经济水平的不断发展和科学技术的不断进步,近几年来,学生的近视呈现出低龄化的趋势,学生的近视率甚至已经到达50%左右。而究其根本,其一,是学生本身的学习习惯不正确,在学习的时候没有采取正确的姿势进行学习,长时间用眼之后也没有给眼睛一个休息的时间,甚至不注意用眼卫生,导致眼睛本身的抵抗力下降。其二,是应试教育给广大的初中生的不利影响,在题海中遨游,长期下来,眼睛在疲劳之中自然不断地产生问题。

（二）体重健康现状

由于我国社会的不断发展让人们的物质生活水平不断提高,学生的营养水平和膳食水平也极大地丰富起来,这就导致近几年来,我国初中生的超重和肥胖现象不断加重,甚至还在向更严重的方向发展,在这其中,城市学生的肥胖率和超重率比农村学生更加严重。出现这样趋势的原因:一方面在于城市学生的经济状况要优越于农村学生,在日常膳食的丰富营养之外,还摄入了过量的零食等垃圾食品;另一方面在于城市交通状况发达,在运动量上,城市学生没有农村学生高。

（三）肺活量现状

从大量的数据中我们可以看出,大部分初中生学生的肺活量都在1290—

3680毫升之间,肺活量随着年龄的不断增长而增加,其中男生的肺活量又比女生的肺活量要大一些。

总体来看,我国初中生肺活量的状况基本保持着不错的状态。农村初中生与城市初中生在相互的比较过程中,能够显示出很多差异,肺活量相对较小,这表示农村在体育教育中投入较少,不够重视体育教育,这在长远的发展角度来看,对于学生本身是极为不利的,农村体育教育的发展,任重而道远。

二、初中生体质健康影响因素

(一)学校体育工作

学校体育是增进初中生体质健康的重要影响因素,体育知识的获取、兴趣的培养、终身体育锻炼习惯的养成都将从学校体育中获得。学校体育工作又是实施素质教育的重要切入点,当前我国学校体育的发展水平区域差异较大,应试教育造成的重智育轻体育现象仍未消除,以分数论英雄的应试体制,使得体育课程成为"高考指挥棒"下的牺牲品,体育课被削减、被挤占现象严重,学校体育地位缺失,学生参与体育锻炼是有心无力。频发的意外伤害也使大多数学校因噎废食,对某些激烈对抗的体育项目和有利于成长的项目的简化和剔除,造成体育课休闲化,无负荷、无难度、无兴趣,安全问题成为体育教学的最大瓶颈。除此,体育场地器械设施不充裕且管理不善,校领导对学生体质工作重视不够等现象也严重影响着学校体育的开展,造成学校体育对促进学生体质健康水平提高的作用无法发挥。

(二)家庭环境因素

家庭对人类社会发展的作用具有不可替代性,家庭教育对加强初中生体育、增强初中生体质有着重要作用。家长支持或参与体育运动对孩子的健康养成有直接影响。父母的体育态度与行为、运动与健康意识都能够潜移默化地影响着子女。家长应该与孩子一起进行体育锻炼,可是部分家长却背向而行,自己不参与体育锻炼外,还限制孩子的体育锻炼兴趣,更有家长把孩子参与体育活动作为写完作业或成绩进步的奖励措施,直接影响孩子的体育锻炼行为。

（三）遗传与环境因素

体质是人体的质量，是在先天遗传因素和后天环境因素共同影响下表现出来的人体形态结构、生理功能和心理功能等综合的相对稳定的特征。先天遗传和后天环境合力塑造人的体质状况，肤色、相貌、身体形态、生理机能和运动能力的差异均受到地域自然环境和父母遗传因素影响。自然环境的气候、温度、湿度和海拔等都会影响体质健康状况，如我国居民北高南低的身体形态表现。

（四）生活方式

有调研数据显示，全国初中生健康危险行为共分为七大类，其中四类属于不良生活方式。第一，物质成瘾行为，如吸烟、饮酒、滥用药物（包括精神活性药物和毒品）、滥用吸入剂（如汽油、胶水、涂改液等）。第二，精神成瘾行为，如游戏机成瘾、网络成瘾等。第三，不良饮食行为，如过多摄入高能量、高脂食物等易致肥胖的饮食行为，各种易导致营养缺乏或失调的行为，包括不喝牛奶、豆浆，少吃蔬菜、水果、偏食、零食等，以及各种盲目或不健康减肥行为。第四，缺少体育运动，自身的运动减少，从动、静两方面有所反映，前者包括不上体育课，体力活动不足，体育锻炼时间和强度不足；后者包括看电视、上网时间过长，其他静态活动（如课外作业、补习）时间过长等。有研究发现，生活方式在影响人类健康状况因素中所占比率最高。

三、初中生体质健康水平提高的社会意义

初中生体质健康水平直接影响到初中生一代的健康成长，直接影响到我国人才培养的质量。初中生有了健康的体魄，才可以提升自身能力的同时上升到报效祖国，才会拥有更加幸福的生活。中小学阶段是学生生长发育的关键期，也是体质健康水平提高的敏感期，可以说，学校阶段是提高初中生体质健康水平的关键时期。

近年来，素质教育如火如荼，学校体育事业有了长足发展。学校体育的

政策法规和标准体系日趋完善,学校体育设施不断完善,体育课程与教学改革不断深入。特别是进入21世纪以来,在新一轮基础教育课程改革中,学校体育课程得到了应有的重视,在九年义务教育总课时缩减的情况下,体育课程的时数却得到了一定幅度的增加(原来每周2课时,增加到现在3课时)。而且,在初中毕业升学时,体育考试成绩按一定比例记入中考成绩总分。所有这些做法,充分反映了国家对学校体育工作、对初中生体质健康的高度重视。

然而,无论是学校还是家长,还是部分地区存在着与素质教育不和谐的声音;依然存在着学校体育课常被其他课程所代替的现象;学生家长对应试教育乐此不疲;即使是依法要求保障学生睡眠和体育锻炼的权利(学生每天睡眠不少于10小时,初中生不少于9小时,体育活动不少于1小时),也只是部分学校和家长能够做到。至此,需要认真反思导致初中生体质健康水平下降的深层次原因。

四、初中生体质健康的干预策略

(一)基础:促进初中生体质健康政策制度的完善与落实

"阳光体育"运动是教育部、国家体育总局、共青团中央2007年4月29日决定在全国范围内全面启动的一项有利于学生健康的活动,是为了切实推动全国亿万学生体育运动的广泛开展,吸引广大青少年学生走向操场、走进大自然、走到阳光下,积极参加体育锻炼,掀起群众性体育锻炼热潮,简称"阳光体育"。"阳光体育"的政府调控力,主要涉及来自"阳光体育"兴办主体内外的各种硬性和软性的规定、制约与监督,确保"阳光体育"的正常运作,并对出现的违纪、失当等情形进行相应的责任追究与惩罚。开展"阳光体育"运动是一项系统工程,不仅要与课内外体育活动相结合,也要健全相应的管理监督体制。各级教育督导部门要将落实学生每天一小时体育活动这一工作纳入对各级各类学校的综合督导内容及评估指标体系,加强督导检查。此外应加强社会监督体系在"阳光体育"中的作用,发挥社会的建设的力量。

（二）重点：突出初中生体质健康的学校教学改革

1. 优化师资队伍

体育师资队伍建设在"阳光体育"运动开展中起着至关重要的作用。学校发展进程中，要培养高质量、高水平的中生，关键是要有一支德才兼备、业务精湛的体育教师队伍。在当前教育改革的新形势下，体育教师作为"阳光体育"运动的组织者、实施者，必须具备一专多能、高素质的要求，不断更新观点、提高知识、能力。

2. 改革体育教学模式

传统的体育教学模式常常使学生感到对体育课的"乏味"，显然不能满足学生的需求，在体育教学中教学内容竞技化、教学内容过多、学生学不会等问题比比皆是。进入了新一轮的改革阶段后，广大校园的文化和体育教学模式的相应完善，促使教育者更新观念，与时俱进。

（三）保障：提升初中学体质健康的体育经费支撑

体育经费是开展学校体育的物质基础，同时更是"阳光体育"运动借以形成、发展的最根本的物质条件，是"阳光体育"运动正常运行必需的资金。经费的投入必将会增加场地设施的数量，逐步满足"阳光体育"运动的需求。

1. 扩大政府经费投入比重

各地教育行政部门要保证中小学校体育经费的投入，学校公用经费要按一定的比例专项用于学校体育工作。各级教育主管部门和学校要把体育专项经费纳入年度学校教学经费预算，予以保障，并做到随着教育经费的增长而增加，特别是学校要按一定的比例用于体育工作。

2. 构建多元经费投入体系

体育经费大多数靠政府拨款，而多数国家的政府拨款主要依靠税收，但中国一直没有开征专门的体育税。国家在"阳光体育"中起着主要的推进作用，但是仅靠政府的经费投入很难平衡由于地域、经济发展水平参差不齐的体育需求，随着各方面的不断完善，经济的增长，多元化的体系已经形成，

各级政府应积极鼓励社会力量办体育,提倡企业社团对体育教育捐赠。

五、学校关于促进初中生体质健康的创新思考

(一)转变教育观念,重视并落实"健康第一"教育理念

我们应从教育内部出发,改革教育体制,转变教育观念,解除束缚人们思想的条条框框,让全社会树立起新的健康观、育人观、成长观,而"健康第一"理念就是针对长期以来我国教育过程中存在的"重智轻体"的错误倾向提出的。"健康第一"作为实施素质教育的宏伟战略目标之一,体现了党和国家对促进我国初中生身心健康的重视,突出了在学校教育中增进学生健康的重要性,它是贯彻我国教育方针的需要,是适应教育规律的需要,是初中生生理、心理健康发展的需要。

(二)加强良好体育环境的建设还需要完善相应的体育制度

学校方面,体育经费是支撑学校体育设施特别是体育场地建设的有力保障,通过加大体育经费的投入,改善学校体育基础设施建设,加大体育文化活动宣传,举办亲子体育活动,完善体育资优生奖励制度等措施,培养初中生参加体育锻炼的积极性,从而促进初中生健康地发展。

(三)合理安排体育教师师资配比,重视体育科研,加强奖励机制

合理的体育师资配备是保障学校体育工作顺利开展的基本条件,通过加大对体育教师的配比,改善体育教师的工作环境和薪资待遇,合理地安排师资结构,有力地促进学生体质健康的提高,加大对体育教师的引进机制,加强各方面的建设,充分利用学校体育的有利条件,发挥教师群体的创新精神,因材施教,努力改善初中生的体质健康水平。

(四)注重培养学生健康的生活方式

学校应严格规范大课间体育活动制度,安排大课间体育活动。采用考核制、校领导监督、班主任负责、体育教师组织与指导等措施,让大课间体育活动有计划、有组织、有纪律地开展,从而确保学生每天一小时的体育锻炼时间。减轻学生过重的课业负担,缓解学生学习压力和心理压力,保证学生

充足的睡眠时间,提高学生自主调节学习和体育锻炼的能力,调动学生主动参加体育锻炼的积极性,养成终身参加体育锻炼的意识和习惯,促进学生身心健康。

(五)完善体质健康监测评价服务体系

把学生体质健康状况及时反馈给社会,是促进学生体质健康的重要手段。在信息多元化的今天我们更应该应合理利用科学技术加强体质监测评价服务体系的建设,建立一个完善的、层级分明、衔接紧密的初中生体质监测评价体系,定期对我国学生体质健康测试结果进行公告,仔细认真地落实好及时修订体质调研结果和体质监测评价方案,努力提升初中生体质监测工作的科学水平,让全社会及时了解学生体质变化情况,描述出学生体质健康的发展趋势,针对性地提出干预措施。使人们更深刻地认识到体育锻炼对学生体质的重要性,从而树立人们正确的体育价值观,有效促进学生健康地成长。与此同时,有关部门也应当研究制定出与初中生体质监测评价相关的法律法规及规范性文件,为初中生体质监测评价工作有序、顺利地开展提供有力的法律保障,共同促进初中生体质健康的发展。

第三节　初中生心理健康发展

一、初中生心理发展特点

(一)过渡性

过渡性是指从幼稚向成熟过渡是一个半幼稚半成熟的时期,是独立性与依赖性交织、充满矛盾的时期。首先,在身体的发育方面,初中生已经基本具备成人的特征,但实际上他们正处在发育迅速期,还未达到完全的成熟;其次,在思维水平的发展方面,他们逻辑思维水平得到进一步发展,但很多方面的知识储备不全面,能力不够,经验不足,可能会带来问题。他们开始比较自觉地完成学习任务,但自我控制及自我监督的能力还不高。

（二）闭锁性

初中生的内心世界逐步复杂，从开放转向闭锁，开始不轻易表露自己的内心活动，也失去了童年时期的外露、直爽、单纯和天真。初中生希望被人理解与其闭锁性之间的矛盾往往导致孤独感。

（三）社会性

和儿童相比，初中生的心理发展特点带有较大的社会性，其特点在很大程度上则更多地取决于社会环境的影响。首先，初中生很容易受到外部环境影响，这些外部环境包括社会环境、学校环境、家庭环境，其中家庭环境给初中生带来的影响是最为深远的，家庭是初中生成长的主要场所，父母的教育、父母的示范、家庭成员之间的关系都会对他们造成潜移默化的影响。其次，学校是初中生学生接受教育的重要场所，学校的学习氛围、师生关系、同学关系都会给初中生学生的心理发展带来一定的影响。这些外部环境不仅会给初中生学生带来积极的有利影响，也会给他们带来消极的不良影响，阻碍着初中生的健康发展

（四）动荡性

初中生的思想比较敏感，有时比儿童和成人更容易产生新思维及改变自我的新愿望。然而，初中生也容易走向另一个"极端"，品德不良往往容易出现在这个阶段，违法犯罪率比例较高。心理压力的增加，不同程度上的创伤和影响，使得心理疾病的发病率从青春期起开始逐年增高。

二、我国当代初中生的主要心理问题

（一）社会性发展问题

人生的过程是一个不断社会化的过程，社会化是人从自然实体转变为社会实体的过程，初中生是人生社会化的关键时期。对社会主流文化的认同、社会规范的掌握、社会道德和责任感的形成是初中生社会化发展的基本任务。研究表明，我国当前初中生社会化发展中还存对社会主流文化认同度不高、对社会规范（如法律、纪律、公德等）的掌握和践行不佳，社会道德感和责任感不强，国家观念、主人翁精神不够等问题。

（二）心理压力问题

初中生处于人生成长发展的关键期，必然面对各种压力。因此，压力问题是当代初中生最突出的心理问题之一。初中生心理压力的产生基于一定的压力源。我国当代初中生心理压力产生的压力源主要是社会变革条件下初中生在学业、升学、成才、就业、人际、家庭、社会等方面的压力。我们重点从理论与实证结合上深入探讨了初中生的"学业压力""人际压力"和"环境应激压力"等心理问题。

（三）学习适应问题

学习是初中生发展成才的主要途径。当代初中生面临的学习心理问题主要包括学习适应性问题及其与之密切相关的时间管理问题、学习策略问题、考试心理问题等。导致初中生学习适应问题主观上与其学习动力不足、学习策略不当等有关，客观上则与学业负担过重，传统课程教学、应试教育下的升学压力，父母师长的高期望等密切相联系。

（四）人际交往问题

人与人之间的交往成为当代年轻人沟通交流的主要渠道。初中生的人际交往问题主要表现在师生交往、同伴交往、异性同伴交往、亲子交往等人际交往形式中，其中初中生同伴竞争引发人际问题是整个人际交往问题中最具现实性和影响力的心理问题。初中生人际交往中的退缩性人格、交往失调、偏执、过度防卫等是其产生心理问题的主观原因，缺乏社会人际信任、交往技能缺失、沟通障碍、个人主义、社会邻里不和谐等是导致初中生人际交往问题的重要客观原因。

（五）情绪困扰问题

初中生是人生中情绪波动变化最大的时期，情绪困扰是初中生最常见的心理问题，主要表现为焦虑、抑郁、强迫、神经质等情绪障碍问题。初中生情绪困扰问题的频繁发生主观上与初中生身心正处在趋于成熟尚未完全成熟的"动荡期"直接相关，客观上与社会过度竞争、人际关系紧张、学业或就业压力过重等密切联系。

三、网络对初中生心理健康发展的影响

（一）网络对初中生心理发展的积极影响

网络可以满足初中生学生的好奇心理，充实其课余生活。网络的丰富性与多样性特点有利于激发初中生的好奇心，开阔他们的视野，培养他们的思维能力，充实初中生的生活与学习。

随着初中生学生心理、生理的不断发展与成熟，渐渐地，他们也不愿长期处于这种被动地位，也希望能够与老师家长之间实现真正意义上的交往。而在网络世界里，初中生们可以完全不考虑对方的年龄、性别、民族等问题，与不同地域的网友们进行交流，从而将自己的心灵得到释放，情绪得到倾诉满足他们的交流欲望。

如今，学校往往过多地将重心放在学生的学习成绩和学校的升学率上，从而使初中生学生的学业压力越来越大，繁重的学业压力不仅容易加重初中生学生的精神压力，而且还容易使初中生学生产生负面情绪。因此，网络为初中生学生们提供了一个学习心理健康知识，促进心理健康发展的平台。网络上有很多心理网站，这些网站的建立，一定程度上都为初中生获得积极健康的心理健康知识，促进初中生学生的心理发展有重要的意义。网络可以扩大初中生的人际交往。网络不受地域、空间的影响，可以让初中生学生们跨越千山万水，突破地域和空间限制，实现交往需要。

（二）网络对初中生心理发展的负面影响

第一，容易使初中生形成网络依赖，造成网瘾。由于网络的内容具有丰富性与娱乐性，极易使初中生形成网瘾。

第二，上网容易对初中生心理健康造成危害，甚至使初中生误入歧途。网络时代，由于网络信息的多样化和网络内容的丰富化等特点，网络上的一些色情网站和信息也在不断增多，同时初中生自身的成长不够成熟，各方面不够完善，对事物的好奇心也在不断加大，因此，对于自我防范意识和自我控制能力相对薄弱的初中生来说，一旦接触到网上的不良信息，极易受到影响，形成不健康的心理，甚至误入歧途。

第三，容易使初中生造成孤僻心理。在网络世界里，虽然一定程度上使初中生的心灵与情绪得到释放，但同时却减少了人与人之间的正常交往与交流，使得人与人之间的距离在不断加大，甚至还会使初中生学生越来越不适应现实生活以及越来越复杂的人际交往等。时间一长，容易使初中生形成孤僻、紧张的心理，不利于初中生人格的培养与身心健康的发展。

四、学校对于初中生心理健康发展的对策

（一）教学课程的合理设定有助于初中生心理发展

帮助初中生心理健康发展是教学的主要任务之一，为了促进学生心理发展，不仅要明确教育方向，充分贯彻素质教育的纲领，培养学生的独立思考能力、自理能力、社交能力，同时需要根据初中生学生的身心发展水平来确定课堂教学的方式和内容，既要保证学生群体的教学进度，又要关注单个学生的不同情况。

（二）构建平等的师生沟通桥梁

每个初中生学生在学校的成绩、表现各不相同，课堂中教师难免会更倾向于成绩优异、行为良好的学生，因此，在对初中生评判的时候会有失偏颇。现阶段的教师不仅需要关注学生成绩上的变化，更需要关注初中生的心理发展变化，以便于更好地了解学生的需求。

同时，教师在教室所扮演的角色不仅仅是指挥者，同样也需要积极成为班级的一分子，与不同的初中生朋友用心交流，真诚地相互尊重，从而避免情绪上的强烈波动而引起的行为过失。现代初中生的心理承受能力较弱，教师在对待学生的时候应采取公平、公正的态度，不公正的评判会引起初中生心理层面上的抵抗、反感，甚至是过激的行为，同样也给今后的沟通交流形成了障碍。

（三）引导初中生学会情绪的自我控制

初中生身心发展不平衡，心理年龄落后于生理年龄，从而使得他们不容

易控制自己的情绪。心理成熟的人在遇到负面刺激时不会突然产生不良情绪。

应当教会初中生情绪的自我调控能力和合理的情绪宣泄能力,鼓励初中生积极与好友、同伴倾诉,帮助他们掌握自身情绪控制的方法。初中生能够在积极、健康的环境下学习、进步,不仅可以使初中生在学业上有所突破,更能加速他们的心理成熟。

(四)积极探索初中生的群体效应

初中生的发展始终离不开集体的环境,创造和谐的学习、生活气氛,可以让不同阶段的孩子在一定程度产生共同的认知,让初中生觉得自己是群体的一分子,并且与同伴相互分享、相互帮助。

初中生对于群体的认同感主要体现在一些原则性的问题上与群体保持一致,良好的集体氛围使得初中生能够受到潜移默化的教育。初中生对于集体荣誉有向往和追求,让他们认识自己在集体中的价值和意义,这对于他们的心理健康是非常有益的。在一个良好氛围的集体中,人出现心理问题的概率比较小,即便是出现心理问题也很容易化解,不会积累到相对严重的地步。

第九章 民法知识科普

第一节 继承权

一、继承权的基本问题

（一）继承权的含义

继承权是自然人基于一定的身份关系享有的权利，自然人之间若相互具有近亲属的权利义务，则其能享有继承权，可以说，近亲属的身份是继承权发生的前提条件之一。法律如此规定的目的，也是为了维持家庭延续的稳定性，但在现代继承法之中，这种亲属关系也仅是继承权产生的一个前提理由，因根据被继承人的意思授权，通过遗嘱指定等方式，也可能在非亲属间产生继承，故而即使无亲属关系，也可能享有继承权。可见，继承权是一种含有人身权属性的权利，但并不止于此。

继承权是依照法律的直接规定或者合法有效的遗嘱而享有的权利。可以说，继承权的取得有两种途径，一种是根据法律的规定，相互间具有一定身份关系的人享有继承权，即法定继承人的继承权；另一种即是由被继承人通过遗嘱指定，当事人根据被继承人合法有效的遗嘱取得继承权。

继承权的标的是遗产，主要目的是通过继承这一法律行为，继承人有权取得被继承人遗留的合法财产，保护财产的合法传承。当事人行使继承权是为了取得财产，这些财产不仅包括物权、债权、形成权，也包括知识产权中的财产权。继承权与财产的归属有着密切的联系，故而继承权又是一种财产权。

继承权是继承人于被继承人死亡时才可行使的权利。在被继承人未死亡时，继承人所享有的只是一种可以期待取得财产的权利，但在被继承人尚未死亡时，继承人不能根据继承期待权而占有、使用被继承人的财产，对被继承人的财产其也不能享有其他权利。且在继承开始前，继承人可能因为各种客观原因，如抛弃继承权、被剥夺继承资格等原因而丧失继承权。所以，只有当被继承人死亡，继承开始后，继承人才得以名正言顺的行使其继承权。

（二）我国继承权制度的历史沿革

我国古代社会是简单商品生产者的社会，是农业经济的社会，因而其继承制度呈现出几个特点：其一，身份继承与财产继承并存，并以身份继承为主。在战国以前，主要通行"兄终弟及"的继承原则，兄长的身份由弟继承；战国以后，发展为"父终子及""嫡庶有别"的宗法继承原则。其二，否认男女继承权平等。主要表现在：女儿不能如儿子一样继承父产；妻子继承夫家财产的权利受到限制。其三，土地是继承权的主要客体。其四，继承方式以法定继承为主，法定继承主要指身份继承和祭祀继承。

中国近现代继承法的立法始于清末民初。清宣统三年（1911年）《大清民律草案》完成，但该法未及颁布，清政府被推翻。1925年，北洋政府着手制定民法，其草案第五编也为继承法。1930年12月，国民党南京政府制定民法继承编，经立法院通过并颁布，于1931年5月5日施行，与此同时施行的还有1931年1月颁布的继承编施行法（11条），这可说是中国历史上的第一部继承法。1985年4月10日《中华人民共和国继承法》（以下简称《继承法》）经第六届全国人民代表大会第三次会议通过，这是我国自1949年以来第一部继承法，该法共分总则、法定继承、遗嘱继承和遗赠、遗产的处理、附则等五章，共计37条。

不可否认，我国现行《继承法》与以前的继承法律制度和规范相比，更强调平等和尊重人权，具有明显的进步和优越性。但是，与西方的某些继承制度相比，《继承法》仍存在一些问题。

二、配偶法定继承权——婚姻家庭伦理的冲击碰撞

婚姻与继承在家庭中处于核心的位置。前者是现代身份关系的中心，是其他亲属关系（血亲、姻亲）赖以发生的基础，后者是财产传承的主要方式。

现代社会虽然已经完成了"从身份到契约"的转变,但继承仍以一定的身份关系为前提,只不过以家族关系作为法定继承制度的基础已经不适应家族制度逐渐解体后的新情况,法定继承不再以宗亲等级身份关系为前提,而是以血缘、婚姻及尊亲属与卑亲属间的慈爱天性为基础。

配偶又称"夫妻",合法婚姻中的男女双方互为配偶,配偶关系因婚姻的成立而发生。配偶继承权,即法律赋予合法夫妻彼此享有的继承对方遗产的权利。配偶继承权是基于婚姻关系而发生的财产继承权,与基于血缘关系产生的血亲继承权形成鼎立之势,天然地存在此消彼长的关系。配偶法定继承权在我国古代一直没有得到合理重视。我国传统的财产继承,以家族的巩固和发展为主,以父系的利益优先,故继承财产以宗祧继承为前提,以直系卑亲属之男子为限,妻对于夫并无继承遗产的权利,即使拥有一定的财产权利,也不过是无子守志得承夫分者,暂行管理而已。近代,家族制度逐渐解体,随着妇女解放、男女平等西方民主思想的确立,妇女地位日益提高,从清朝末年修律,到国民政府《民法》继承编的颁行,从形式上完成了从古代型的继承法到近、现代型的继承法的过渡,明确规定了女性,尤其是配偶的财产继承权。配偶继承权法律地位的陡然提升,必然会与既有的、以宗亲父系血统为划分依据的血亲继承利益产生激烈碰撞,给传统婚姻家庭伦理带来直接冲击,导致继承法在实施过程中遇到相当的阻力。

我国1985年颁布的《继承法》确立的配偶法定继承权制度,完全贯彻了男女平等原则,对配偶法定继承权的取得几乎没有限制。在法定继承的顺序上,基本是以配偶权的利益为优先考虑,但在《继承法》"宜粗不宜细"的整体设计基调下,一些条文较为简单,存在缺失,譬如没有规定先职权和用益权,在世配偶丧失了在夫妻关系存续期间用以维系正常生活所必要物品的所有权或使用权,不能充分地保护生存配偶的权益;立法者在制定一些条文时,几乎不限制配偶法定继承权的取得,将配偶固定安排在法定继承顺序的第一位等。这些制度由于没有考虑社会生活现实,没有认识到传统的婚姻家庭伦理和习俗的影响力,因而不能很好地调和配偶与被继承人血亲之间的利益冲突,法律的实施受到抵制,"好心办了坏事",导致实践中对配偶继承权的现实保障不尽如人意,实际效果违背立法原意。

鉴于婚姻关系在现代亲属关系中的重要地位,配偶继承权在法定继承乃至整个继承制度中的重要性不言而喻。配偶双方无论在经济上或是生活中都有较强的依赖程度,他们是共同生活的伴侣,协力同心,相互关心,相互照顾。当夫妻一方死亡时,无论从现代家庭经济职能和关系看,还是从被继承人的意志看,配偶的法定继承权都应当有进一步完善的必要。然而,配偶法定继承权在我国继承制度中的一贯地位和其与血亲法定继承权的天然对立,决定了对配偶继承权的修正往往会导致与传统婚姻家庭伦理激烈地冲撞。这就要求对配偶法定继承权制度的重塑过程中,既要尊重传统婚姻家庭伦理的合理成分,吸收其有益要素,又要科学地处理与婚姻家庭伦理的矛盾。在这一过程中,考虑比较借鉴域外民法,尤其是和大陆文化同宗同源的我国台湾地区"民法"中关于继承的有益经验和规定,不失为可取之道。

三、继承权丧失

(一)典型案例

代某某为重庆某国有重点企业的职工,后来代某因为受到了某些生活上的刺激,患有间歇性精神病。在发病期间,完全不能辨认自己的行为。后来经过多方的治疗,其病情基本好转。后来在熟人介绍之下,代某与肖某认识并很快结婚,婚后生育了两个女儿代某美和代某丽,一家人其乐融融。20世纪90年代,正值改革开放的大好时机,许多人纷纷下海经商致富。如代某也在单位办理了病退手续,随后与妻子肖某开了一家火锅店,由于夫妻俩火锅配方独特,加之夫妻俩辛勤经营,该火锅店生意火爆,夫妻俩很快致富。然而"天有不测风云,人有旦夕祸福"。后来代某的大女儿不幸命丧车祸,代某受到刺激旧病复发将妻子杀害。案发后公安机关对代某进行了两次司法鉴定,均认定其为精神病患者,人民法院据此认定代某不负刑事责任。肖某生前,夫妻二人有一套住房及一辆汽车,并有存款30余万。事后不久,肖

某的父母向人民法院诉请继承肖某遗产,并请求人民法院依法对代某对其妻肖某的遗产继承权进行剥夺。

针对此案,人民法院有两种不同的意见。一种观点认为,代某作为杀害其妻子的凶手,依照《继承法》的规定应当剥夺代某对肖某的继承权。另一种观点认为,代某因不具有民事行为能力而不能够对自己的行为负责,因此不能对其继承权进行剥夺。最后法院对肖某父母继承女儿遗产的诉讼请求予以支持,同时对剥夺代某继承权的请求进行了驳回。

(二)继承权丧失的概念

学界通说观点将继承权丧失分为广义和狭义。狭义上的继承权丧失,即继承人缺格,指的是本来具有继承资格的人,因实行了某些严重地违反道德伦理的罪行,或者是严重的为道德所不容的行为,而丧失继承资格。诸如德国民法、瑞士民法、日本民法及我国等大部分国家的民法当中均设有继承人缺格制度。广义上的继承权丧失是指具备继承资格的人,因为实施了某些罪行或者是因为某些不道德的行为,其继承人资格依法丧失或者是由被继承人对其继承资格进行剥夺,包括继承人缺格、特留份剥夺与继承人废除制度。继承人废除是指如果发生了一定的废除事由,被继承人可以对继承人的继承权进行剥夺。因为这一制度适用于违反道德程度比较轻的事由,所以在程序上要先经过起诉判决之后,继承权剥夺的效力才会生效。继承人废除制度以日本民法为代表,其设立的主要目的是制裁不法或者不道德的继承人。剥夺特留份指的是,当出现法定的剥夺继承人的特留份之时,被继承人可以采用遗嘱来剥夺该继承人的特留份。不管是广义上的继承权丧失制度还是狭义上的继承权丧失制度,都是"当事人不能因为违法行为而获得利益"这一原则的体现,其设立带有一定的私法惩罚色彩。

(三)继承权丧失的法定原因

依照我国《继承法》第七条的规定,继承人具有下列行为之一时,即丧失继承权。

继承人故意杀害被继承人。不论是否出于为争夺或者谋取遗产的目的,均构成刑事犯罪，依法应当追究犯罪嫌疑人的刑事责任。而在法律上，故意杀害被继承人行为的构成要件有两个，二者缺一不可。一是继承人主观上须具有杀害被继承人的故意，过失杀害和意外事件不在此列。二是继承人客观上需实施了杀害被继承人的行为，无论该行为最终结果是既遂还是未遂；犯罪嫌疑人是亲自实施杀害行为还是教唆或者辅助他人实施杀害行为；是直接杀害还是间接杀害，均在所不问，都要确认其丧失继承权。这里的杀害是指非法剥夺他人生命，不能解释为既包括杀人，又包括伤害人。

继承人为争夺遗产而杀害其他继承人的。法院应当剥夺该继承人继承被继承人遗产和其他继承人遗产的继承权，这是当今世界各国继承法的通例。根据我国《继承法》的规定，构成这一行为须符合两个条件：一是继承人杀害的对象是其他继承人；二是杀害的目的是为了争夺遗产，即主观上必须具有"为了争夺遗产"这一特定故意，若不是为了争夺遗产而是出于其他动机和目的而杀害其他继承人，以及继承人过失杀害其他继承人的，则不在丧失继承权的法定原因之列。

遗弃被继承人的，或者虐待被继承人情节严重的。这一法定原因的成立应符合两个条件：一是被遗弃的是没有独立生活能力的被继承人；二是继承人有扶养能力和扶养条件而故意不尽扶养义务。如果继承人因自己本身就无独立生活能力或者根本没有扶养能力和扶养条件（即其自身还需要他人来扶养）的，则不构成遗弃。此外，被扶养人不需要扶养，或被扶养人虽需扶养但拒绝接受扶养的，扶养人即继承人也不构成遗弃。对于遗弃行为，一旦被认定已经构成的，则无论遗弃的情节轻重与否，也不论追究刑事责任与否，该继承人均丧失继承权。

需要特别注意的是，虐待被继承人只有情节严重的，才丧失继承权。而遗弃行为本身就是一种严重的违法甚至是犯罪行为，因此，遗弃的构成要件中无须再特别强调只有情节严重，这是二者的一个明显区别。

伪造、篡改或者销毁遗嘱，情节严重的。实践中，继承人伪造、篡改遗嘱或者销毁遗嘱的目的都是为了多得遗产。这些行为不仅严重违背了被继承人的生前意愿，并且直接或者间接地侵犯了被继承人对其个人财产的生前处分权和遗嘱自由权，同时也直接侵害了其他继承人的继承权，行为人为此应承担相应的法律责任。需要指出的是，只有在行为人伪造、篡改或者销毁遗嘱达到情节严重时，才能剥夺其继承权。至于认定的依据，最高人民法院《关于贯彻执行〈中华人民共和国继承法〉若干问题的意见》第十四条已明确规定："继承人伪造、篡改或者销毁遗嘱，侵害了缺乏劳动能力又没有生活来源的继承人的利益，并造成生活困难的，应认定其行为情节严重。"

第二节　收养关系

一、我国收养制度的原则

原则是一项制度的核心，收养法的基本原则就是整个收养法律所适用的、体现法的基本价值的原则。收养的基本原则有以下几个作用：一是明确收养法律的宗旨和指导思想；二是指导收养领域的司法实践；三是当法律存在缺陷时，可以用来弥补收养立法的不足。我国收养法律制度的主要原则在《中华人民共和国收养法》第二、第三条有明确表述。

（一）有利于被收养人的抚养、成长原则

现行收养制度的首要目的是保障未成年人的健康成长。《中华人民共和国收养法》中许多规定体现了有利于未成年人的抚养和成长的原则，比如，收养法在规定被收养人的条件方面，将不满14周岁的未成年人列为被收养的对象：丧失父母的孤儿，查找不到生父母的弃婴和儿童，生父母有特殊困难无力抚养的子女。为了保证被收养的未成年人的健康成长，还特别规定收养人应当具有抚养教育被收养人的能力，同时，禁止借收养名义买卖儿童。

（二）保障被收养人和收养人的合法权益原则

收养关系涉及收养人和被收养人双方的利益，在收养关系中，收养人和被收养人均是不可偏废的收养关系主体，其权益的保护同等重要。该原则在我国收养法中体现为：被收养人一般应为不满14周岁的处于特殊生活状态下的未成年人；收养人一般需年满30周岁，无子女，并且具备抚养教育被收养人的能力；生父母送养子女，须双方共同送养；收养人、送养人要求保守收养秘密的，其他人应当尊重其意愿，不得泄露等。

（三）遵循平等自愿的原则

收养关系属于民事法律关系的范畴，因此也必须遵循平等自愿原则。依据这一原则，收养当事人必须在完全自愿和协商一致的基础上，建立或解除收养关系，禁止任何一方对他方的强迫或欺骗，且当被收养人有识别能力时，应征得其本人的同意。平等自愿原则体现在我国收养法中，表现为：收养人收养与送养人送养，须双方自愿；收养年满10周岁以上未成年人的，应当征求被收养人的同意。收养人与送养人可以协议解除收养关系，如果养子女年满10周岁以上的，应当征得本人同意。

（四）不得违背社会公德原则

收养子女，不仅关系到当事人的利益，也关乎社会的利益，收养关系的建立必须遵守社会公德。收养关系既是法律关系，也是伦理关系，建立收养关系，既须遵守法律规范也须遵守社会公德。体现在收养法律中表现为：无配偶的男性收养女性的，收养人与被收养人年龄应相差40周岁以上。因养子女成年后虐待、遗弃养父母而解除收养关系的，养父母可以要求养子女补偿期间支出的生活费和教育费。

（五）不得违背计划生育的法律、法规原则

收养子女是补充自然生育的一种必要手段，我国人口基数大，而且计划生育又是我国的国策，故收养子女应该遵守计划生育政策。根据这一原则的规定，有子女的人一般不得再收养子女；无子女的人通常也只能收养一名子女。送养人不得以送养子女为由违反计划生育的规定再生育子女。违法收养不发生收养的效力。

二、收养关系现行立法的规定

（一）一般收养关系的实体要件

《中华人民共和国收养法》第六条，对收养人做出以下规定。

第一，无子女。无子女是指没有生育子女能力的夫妻一方或双方，或虽有生育能力但不愿生育子女的夫妻，或所生育的子女已经死亡而导致没有子女的夫妻。收养人没有配偶收养子女，也要满足没有子女的要求。法律之所以这样规定，目的在于与我国的计划生育政策相衔接，同时也保证了被收养人在收养人处能得到更充足的抚养教育条件。无子女者通过合法的收养途径收养子女，能够使得家庭得以完善，感情得以慰藉。然而，华侨收养三代之内平辈血亲关系的，继父母收养继子女的，或者收养残疾孩子、社会福利机构抚养的查找不到生父母的弃婴，不受限制。

第二，有抚养培育被收养人的能力。此项规定目的在于使被抚养的未成年子女能够健康成长。衡量收养人是否有抚养教育被抚养人的能力时，不仅要考虑收养人的经济负担能力，还要考虑其在道德品质、健康状况等方面是否也具备抚养教育被收养人的条件。

第三，没有得医学上确认的不能收养子女的疾病。若患有精神疾病、传染性疾病或其他严重疾病的人成为收养人，将使被收养子女的健康成长无法保证。因为得了精神疾病或其他严重疾病的收养人，大都丧失劳动能力、生活贫苦，都不能为被收养子女的健康成长提供良好的环境和条件。

第四，年满30周岁。收养法修改之前，收养人是35周岁的最低年龄限定，修改后，为30周岁的年龄限定。30周岁以下的人，生育子女的能力和机会比较多，收养他人子女作为自己的子女并不十分迫切。而30周岁以后，夫妻双方在年龄、心智、经济实力等方面均趋于成熟，能更好地承担抚养子女的职责。30周岁后收养子女，与我国的人口国情相适宜。

《中华人民共和国收养法》第五条，送养人应当符合下列条件：

第一，孤儿的监护人。

第二，社会福利机构。

第三，因客观原因无法抚养子女的亲生父母指的其亲生父母。双方或一方在孩子未达到14周岁时死亡或因客观原因不能抚养教育其子女的。例如，亲生父母去世、重病、残疾、没有劳动能力、无经济来源等原因而无法抚养教育子女、非婚生子女的情况。

《中华人民共和国收养法》第四条，被收养人的条件应当符合以下两点：

第一，不满14周岁的孩子。此项规定目的在于有利于建立稳定的收养关系。

第二，生父母无法抚养的未成年人。

（二）特殊收养关系的实体要件

第一，亲属间的收养。《中华人民共和国收养法》第七条：三代之内平辈血亲关系的儿童被收养的，能够不受亲生父母因客观原因无法养育的约束，不受没有妻子的男性收养异性之间应当相差40周岁的制约等规定。

第二，孤儿和残疾儿童的收养。《中华人民共和国收养法》第八条：没有父母的儿童、身体残疾的儿童或社会福利组织抚养的与父母联系不上的婴孩被收养的，收养人不受无子女和收养一名的制约。

第三，无配偶者收养。《中华人民共和国收养法》第九条：没有妻子的男性收养异性的，年龄应相差40周岁以上。法律之所以这样规定，目的在于防止男性收养人以收养的合法形式掩盖侵犯女性未成年收养人的真实目的。

三、解除收养关系的条件

（一）当事人双方协议解除收养关系的条件

我国《中华人民共和国收养法》第二十六条第一款规定，"收养人在被收养人成年以前，不得解除收养关系，但收养人、送养人双方协议解除的除外。养子女年满10周岁以上的，应当征得本人同意。"该法第二十七条规定，"养父母与成年养子女也可以协议解除收养关系。"

为了保护被收养人的合法权益，在其成年之前收养人不得单方解除关系，但是确有解除收养关系的必要，收养人和送养人在双方自愿的基础上达成解除收养关系协议的，法律不加以禁止。协议未达成，还可以向人民法院起诉。同时，在养子女10岁以上至成年协议解除收养关系必须有双方当事人共同的意思表示。也就是说，收养人和被收养人必须都同意解除收养关系。当未成年养子女满10周岁以上时，已经是有部分民事行为能力的人，具有一定的识别能力，此时如协议解除收养关系，除须经收养人和送养人协商同意外，还须经未成年子女同意，如未成年子女不同意则不得解除收养关系。养子女成年后，收养关系的解除只需征得收养人和被收养人同意，达成协议即可。

（二）当事人一方要求解除收养关系的条件

当事人一方可以基于法定理由而要求解除收养关系。这里的当事人一方包括收养人、送养人和已成年的被收养人。收养关系当事人对是否解除收养关系问题，双方各执一词，不能协商一致；或者双方都同意解除收养关系，但就有关经济补偿、损害赔偿等问题，双方争执不下，任何一方都有权诉请法院解决他们之间的收养和其他权益纠纷。根据收养法的规定及最高人民法院的司法解释，当事人有下述情形之一不能协商一致的，可以向人民法院起诉。

收养人对养子女不以亲生子女对待，不尽抚养教育义务，有虐待、遗弃、剥削劳动力等侵害未成年养子女的合法权益的行为，送养人有权要求解除养父母与养子女的收养关系。当然，虽有一些不利于收养关系的现象，但其严重程度是否已达到必须解除收养关系，这完全由人民法院从有利于未成年子女利益的原则出发，全盘加以考虑。如送养方指责收养方虐待养子女的，人民法院应详细了解真实情况，比如是一贯虐待，还是偶尔因故责打，再决定应否判决终止收养关系。

收养关系成立后，未成年养子女生父母一方反悔，要求解除收养关系的，法院为保护无过错养父母的合法权益，不应按解除收养关系处理。但是，若有生父母故意泄露收养秘密或有其他不利于收养关系的事实发生，法院可以按生父母或养父母的要求解除收养关系。在此种情况下，生父母除补偿养父母为养子女支付的生活费、教育费、医疗费等外，还应当对侵害养父母监护权的行为负责，承担损害赔偿的责任。

养父母一方反悔，或者发现收养的子女有生理缺陷或其他病症，要求解

除收养关系的,一般不予解除。但生父母在送养时有意隐瞒的,可予以解除。养父母与成年养子女关系恶化,再继续共同生活对双方确实不利,一方坚决要求解除收养关系的,一般可准予解除。

第三节 劳动保护

一、劳动保护法基本内容

劳动保护法是指国家为保障劳动者在劳动过程中获得合乎安全、卫生的劳动条件而制定的法律规范的总称。它是根据宪法规定的"加强劳动保护,改善劳动条件"的原则,用立法手段制定的关于劳动保护的规范性文件。劳动保护法包括的主要内容:一是关于安全技术、劳动卫生的规定;二是关于工作时间、休息时间的规定;三是关于妇女劳动者和未成年劳动者特别保护的规定;四是关于劳动保护管理制度的规定。可见,劳动保护法是直接保护劳动者切身利益的法,它的制定,体现了党和国家对劳动者的无比关怀,反映了工人阶级和全国人民的意志。

在我国社会主义制度下,劳动者是国家和企业的主人,是物质资料和精神财富的创造者,发展国民经济和实行改革、开放、搞活的经济政策,必须依靠劳动者积极性、创造性和主动性的充分发挥。要调动劳动者的积极性,必须认真贯彻执行劳动保护法。企业生产如果不安全,不仅会直接损害劳动者利益,妨碍企业提高经济效益,而且还可能影响社会安定,造成严重后果。因此,各级政府、一切生产建设部门以及所有企业、事业单位,都必须坚决执行"安全第一,预防为主"的方针,加强劳动保护法制观念,切实防止各种事故,特别是恶性事故的发生,对于违反劳动保护法的行为,则应根据情节依法追究责任。

二、加强劳动保护立法,严格执行劳动保护法规

第一,要加强劳动保护立法的研究和规划工作。在中华人民共和国成立

以来劳动保护立法工作经验的基础上,针对劳动保护工作和劳动保护立法工作中的问题,从我国实际情况出发,并借鉴外国经验,提出今后若干年劳动保护立法的统一规划,确定重点,有计划地制定和颁布一些新的劳动保护法规。这是关系到保护劳动者切身利益和促进社会主义生产建设发展的一项重要工作,必须予以高度重视。

第二,制定劳动保护基本法,这是立法的重点之一。有了劳动保护基本法,劳动者的安全和健康基本上得到保障。目前,我国已经有了一些属于各个部门的劳动保护基本法,但还没有适用于各部门、各行业的统一的劳动保护基本法。三大规程和《关于加强企业生产中安全工作的几项规定》十分重要,许多内容仍然适用,有些内容修改后可以适用,应当继续认真贯彻执行。在此基础上,再制定一个劳动保护基本法,即适用于一切企业、事业、机关、团体劳动者的《劳动安全卫生法》,以督促和保障全国各行各业实现安全生产和文明生产。

第三,加强某些部门的劳动保护单行法规的立法。制定部门的劳动保护单行法规,对于保障本系统的安全生产和文明生产具有重要作用。有些部门现在还缺少这种单行法规。例如,矿山企业发生的伤亡事故和职业病,在生产部门中占的比例较大。为保障矿山职工的安全和健康,就有必要制定一个适用于在我国境内开办的一切矿山企业的安全卫生单行法规。又如,我国农村社队企业据统计约有3000万职工,这是建设社会主义的一支重要劳动大军。这些职工在生产劳动中的安全保障和劳动条件都比较差,保护他们的劳动是一项十分重要的任务。对于集体所有制农业劳动者的安全和健康,也要认真加以保护,要防止农业机械伤害、触电、农药和化肥中毒等事故的发生。这些,都有必要制定切实可行的劳动保护单行法规。

第四,严格执行劳动保护法规,健全劳动保护监督检查制度。严格执行劳动保护法规是符合国家和人民的利益的,是有利于加速社会主义四化建设的。但是,执行劳动保护法规不会一帆风顺,而是会遇到各种阻力的。一方面,要同各种不安全、不卫生的自然因素做斗争;另一方面,又要同不重视安全生产的错误思想认识做斗争，特别是要同那些漠视工人生命安全和身体健康的官僚主义者做斗争。凡是由于领导责任而造成工人死亡，必须追究有关领导人的刑事责任。因此，坚决反对有罪不判、重罪轻判、判刑不服刑等对待法律的极不严肃的做法。为了严格执行劳动保护法规，还必须健全劳动保护监督检查机构和监督检查制度，颁布施行《国家劳动保护监察条例》，要把专门机构的监督检查和职工群众的监督检查结合起来，这将有利于保证严格执行劳动保护法规，实现安全生产和文明生产。

第四节 学生权利保护

一、学生权利的概念及特征

学生权利就是在校学生能够按照自己的意志以作为或不作为的方式及要求他人相应不做出或做出一定行为的方式来实现一定利益的许可和保障。

学生是一个特殊的社会群体，首先他们作为公民而存在，同时既是受教育者又是特殊的教育消费者（学费和其他培训经费的支出者）。因此，学生的权利不同于一般的公民权利，具有其自身的特点。

学生权利是基于其作为受教育者的主体地位而产生的，它存在于教育者和受教育者的行为关系之中。作为特殊消费者的学生，其权利的产生也不同于其他商品交换，普通的商品交换产生于买卖双方的直接交换行为，而学生的权利产生于教与学的关系行为中，产生于教与学的对立统一之中。教育的特殊性决定了教育过程初中生更多的自主性，教与学双方的对立统一决定了学生既是权利主体又是权利客体。

学生权利的核心是权利主体自我素质的提高，其权利指向是人的价值而非物的使用价值。学生素质的提高关系到学生将来的发展，同时，学生是国家发展的重要人力智力资源，是社会主义现代化建设的重要接班人，肩负着振兴祖国的重任，其素质的提高关系到国家的建设前景，关系到社会主义现

代化建设事业的顺利实现。因此,学生权利关注的是学生的生存和发展,而不是只注重对物质及其使用价值的拥有。

学生权利具有易受损的特点。在传统的教育理念和管理理念的影响下,学校学生管理中存在重管理、轻服务的现象,学生只是被简单地当作学校管理的对象。因此,学生在学校管理活动中,相对来说处于弱势地位,其正当权益如受教育权、隐私权、获得公正评价权等在管理中易受到损害。

二、学生权利的体系构成

学生享有的权利内容十分广泛,可以划分为受教育权、作为特殊消费者享有的权利以及作为普通公民享有的权利,这三种权利构成了学生权利的完整体系。

(一)受教育权

教育平等权意指一切公民依法享有平等的受教育权。我国法律对公民的教育平等权给予了充分的保障。学生作为教育法律关系的主体之一,依法充分享有使用学校提供的各种生活、学习资源,包括参加各种课堂教学和课外活动、使用学校的教育教学设施以及实验室设备、图书馆资料等。受教育选择权意指学生有权根据自身的各种条件,包括自身能力、个人天赋、经济条件、地理位置等,来选择就读学校、专业、师资、课程、住宿以及接受教育的方式(全日制、非全日制)等。《中华人民共和国教育法》第四十二条第三款规定:"学生在学业成绩和品行上获得公正评价,完成规定的学业后获得相应的学业证书、学位证书。"这就意味着教师、学校必须对学生的学业成绩和思想品德状况进行实事求是、合情合理的判断,并客观真实地记录在学生档案之中,任何单位和个人都不能随意取消学生成绩或擅自扣押学生的学历、学位证书。

(二)作为特殊"消费者"享有的权利

1. 知情权

知情权是指学生在入学之前拥有了解学校的各项规章制度、学校的发展现状与前景、自己所学专业的就业情况、本专业的师资力量水平等学校基本情况的权利；在入学后则拥有了解与学生利益密切相关的各种事项的权利，包括学生所交学费和其他各种杂费的使用情况，以及学校对学生的各种评价制度和评价标准等。

2．参与权

随着社会的发展，法治逐渐成为社会政治经济建设的主题并逐步走向深入，社会对人的主体性重视程度越来越高，学生的参与意识也逐渐增强。因此，充分发挥学生在学校管理决策过程中的积极性，听取学生对学校发展的意见和建议，已成为学校内部民主管理的一个发展趋势。在学校管理过程中，当学校事务涉及学生切身利益时，学生应当拥有提出建议、参与决策过程的权利。

3．监督权

学生通过考试和缴费获得上学资格，因此学生有权监督学校关于教学的各项工作的展开。具体来说，学生的监督包括对教师教学水平、教学态度、教学质量的监督；对学校教学资源使用、教学经费投入情况的监督，以及学校日常机制运作的监督。

（三）作为普通公民所享有的权利

1．人身权

在法律上，人身权分为人格权和身份权。对于在校高校学生来说，其人格权主要包括生命健康权、姓名权、肖像权、名誉权、休息权、安全权、隐私权、人身自由权及婚姻自主权等；身份权是指民事主体因特定身份而产生的权利。学生身份权主要包括荣誉权、知识产权中的发明权、发表权及署名权等非财产权利。

2．财产权

一方面，学生的私有财产应该得到学校的妥善管理和保护，学校非依法律规定无权没收学生的任何财产，更无权对学生进行罚款。另一方面，若因

学校管理不善,导致学生财产遭受损失,学校应当承担相应的民事责任。

3. 申诉权

无救济则无权利,权利得不到救济则法定权利形同虚设。因此,权利救济在权利保护体系中处于十分突出的位置。而在权利的诸多救济渠道中,申诉是最重要最行之有效的方法。应当说,司法是正义的体现,是权利保护的最后一道屏障,赋予高校学生充分的申诉权,对于学生切身利益的实现具有十分重要的意义。

三、完善学生权利保护的对策

(一)加强法律教育,树立法治理念和维权意识

以学生发展为本是未来教育发展更是社会发展的需要,尊重学生权利、保护学生权利是每一个教育者始终应放在心上,落实在行动中的。第一,学校应该贯彻管理法治理念。学校应当形成自觉运用法律手段管理学生、调处纠纷、维护权利的观念与习惯,促进教育管理的法治化进程,依法治校。法治的主要价值是以人为中心和归宿。第二,学生应当树立正确权利意识。任何权利都不是绝对的,不受限制的。法律规定人们的权利,既是对人们行为自由的资格、能力可能性的认可,又是对这种行为自由的性状和限度的界定。所以法律赋予人们以权利并不意味着承认人们行为的绝对自由。

(二)完善法律体系

学生权利至今没有引起足够的重视,一方面,由于学生问题本身的复杂性,对学生权利的界定只停留于现象的描述;另一方面,对学生权利在立法上迟迟不予表态,更是忽略了学生的需要,要不断完善教育法律体系,加强和完善高等教育立法,更新立法观念,强化程序立法。

(三)加强学校管理制度,建立正当管理程序

要保障和维护学生的合法权利,必须从健全制度规范入手,必须以学生是权利的主体、尊重学生的权利、保障学生的受教育权利为出发点和归宿,

建立一个尊重学生权利的学校制度。依法治校要求学校建立正当的管理程序,因为若没有正当程序,学校就难以在管理工作过程中实现公开和公平,学生的实体权利就难以得到保障。学校在实施自主管理行为时,要严格按照法律、法规规定的权限与职责,按照科学、合法、严格的原则建立正当的管理程序。

参考文献

[1] 陈磊,杨简旭,陈鹏.自媒体时代预防未成年人违法犯罪工作的思考[J].预防初中生犯罪研究,2014(3):37-43.

[2] 程竹汝.中国共产党领导的多党合作和政治协商制度基本理论问题思考[J].政治学研究,2011(2):19-28.

[3] 崔永学,张澍军.社会主义荣辱观的科学性、价值性和实践性[J].北京师范大学学报(社会科学版),2011(5):118-122.

[4] 丁义军.司法机关在构建和谐社会中的地位和作用[J].山东审判,2006,22(2):12-14.

[5] 范海龙.我国基层群众自治制度的现状及其整改措施[J].黄冈师范学院学报,2014(5):19-23.

[6] 高轩.论华侨选举权与被选举权的法律保护[J].暨南学报(哲学社会科学版),2014,36(11):15-21.

[7] 宫黎明.略论校本课程评价的特点和方法[J].基础教育研究,2004(8):24-25.

[8] 巩飞,李长青.初中生体质健康现状影响原因及对策研究[J].吉林广播电视大学学报,2016(11):34-35.

[9] 顾书明.谈校本课程实施中个别化教学模式的运用[J].教育探索,2002(5):29-31.

[10] 郝英.论初中生体质健康促进中教师的责任[J].西安体育学院学报,2008,25(5):111-113.

[11] 河南省中国特色社会主义理论体系研究中心.论社会主义核心价值体系的科学内涵[J].中国高校社会科学,2011(11):9-13.

[12] 侯翔.提高初中道德与法治课堂教学效果之我见[J].科学咨询(科技·管理),2017(6):141-142.

[13] 黄文武.优化校本课程管理提升校本课程品质[J].江苏教育研究,2008(22):24-27.

[14] 惠毅,邓巍.论国家权力与公民权利之关系[J].西北大学学报(哲学社会科学版),2007,37(1):148-152.

[15] 焦国成. 试论中华民族精神的基本特征 [J]. 思想政治工作研究, 2004(5):13-15.

[16] 靳玉乐, 赵永勤. 校本课程发展背景下的课程领导: 理念与策略 [J]. 课程. 教材: 教法, 2004(2):8-12.

[17] 李建华, 易想和. 论社会主义荣辱观的主体层次性 [J]. 伦理学研究, 2006(3):6-9.

[18] 李立国. 深入落实和不断完善基层群众自治制度 [J]. 中国民政, 2012(7):10-12.

[19] 李亚辉. 浅析我国女职工劳动保护法律制度 [J]. 商, 2014(20):139-140.

[20] 李志云. 浅析初中道德与法治教学中培养学生创新意识的途径 [J]. 学周刊, 2018(25).

[21] 李祖超, 向菲菲. 我国初中生思想道德建设现状调查分析 [J]. 学校党建与思想教育, 2011(18):34-36.

[22] 梁保稳. 我国多党合作和政治协商制度的发展历史、特点及经验教训 [J]. 企业导报, 2010(3):31-35.

[23] 廖哲勋. 关于校本课程开发的理论思考 [J]. 课程. 教材. 教法, 2004(8):11-18.

[24] 刘焕明, 陈思. 论我国基层群众自治制度的特点和完善途径 [J]. 社会科学家, 2009(6): 97-99.

[25] 刘晋萍, 宁慧杰. 新形势下初中生思想道德教育对策研究 [J]. 克拉玛依学刊, 2014(4): 53-56.

[26] 刘晶晶. 论基层群众自治制度的现状与完善 [J]. 社科纵横: 新理论版, 2008 (2): 71-72.

[27] 刘明君, 张红玲. 我国基层群众自治的困境与对策 [J]. 三峡大学学报 (人文社会科学版),2011,33(4):32-35.

[28] 刘雪岩. 以科学发展观为指导巩固和完善多党合作和政治协商制度 [J]. 中央社会主义学院学报, 2010(1):37-40.

[29] 刘雁玲. 试论如何有效地开展初中道德与法治教学 [J]. 中国校外教育, 2018(14).

[30] 刘运达. 完善国家行政机关绩效考核体系的思考 [J]. 河北学刊, 2007,27(4): 247-249.

[31] 卢立. 初中道德与法治教学中存在的问题及对策 [J]. 西部素质教育, 2018(2):44-45.

[32] 罗朝猛,胡劲松.非户籍常住人口子女义务教育权的应然与实然[J].教育理论与实践,2006(3):24-27.

[33] 马春喜.初中道德与法治教学中生活化教学模式的应用[J].长江丛刊,2017(24):284.

[34] 宁素艳.关于我国女职工劳动保护现状分析的法律思考[J].湖北社会科学,2004(8):116-117.

[35] 秦书生.树立和实践社会主义荣辱观的基本途径[J].东北大学学报(社会科学版),2007,9(1):69-72.

[36] 任进.宪法视界下的国家机构改革与组织法完善[J].法学论坛,2012,27(6):49-54.

[37] 宋金玲,张迪.新时代培育和践行社会主义核心价值观的有效策略研究[J].北京交通大学学报(社会科学版),2018,17(2).

[38] 孙曙,范蔚.论校本课程发展的文化取向[J].长江师范学院学报,2010,26(4):131-135.

[39] 孙树文.社会心理:初中生思想道德建设不可忽视的制约因素[J].当代教育理论与实践,2010,2(1):50-52.

[40] 万新芬.加强初中生心理健康教育的重要性[J].文学教育(下),2017(2):176-177.

[41] 汪全胜,张玉洁.论我国公民的被选举权及其完善[J].云南师范大学学报(哲学社会科学版),2013,45(1):70-78.

[42] 汪玉凯.党和国家机构改革与国家治理现代化[J].领导科学论坛,2018(8).

[43] 王树荫,石亚玲.当代青年践行社会主义核心价值观的科学指南[J].中国高等教育,2014(z2):7-10.

[44] 王涛.论保障公民权利与制约国家权力[J].山东师范大学学报(人文社会科学版),2008,53(5):158-160.

[45] 吴潜涛,冯秀军.弘扬和培育中华民族精神的基本途径[J].北京大学学报(哲学社会科学版),2006,Vol.43(5):15-21.

[46] 吴潜涛.深刻理解社会主义荣辱观的内涵和意义[J].政策,2006(6):28-30.

[47] 吴云.论我国被选举权资格条件的限制及其设定[J].广东第二师范学院学报,2009,29(1):10-14.

[48] 许志功. 大力加强社会主义核心价值体系建设 [J]. 思想理论教育导刊, 2007(10):19-25.

[49] 薛大威. 初中生思想道德建设的障碍及对策 [J]. 上海教育科研, 2005(3):75.

[50] 阳泽, 刘电芝. 校本课程开发的内容、模式与策略 [J]. 中国教育学刊, 2001(3):49-53.

[51] 宇文利. 近年来中华民族精神教育研究述评 [J]. 教学与研究, 2006,V(12):79-85.

[52] 张会龙, 冯育林. 民族区域自治制度发展完善的机遇与方向 [J]. 云南行政学院学报, 2016(2):35-42.

[53] 张朋, 杨麟, 王莉莉. 初中生体质健康促进的合力研究 [J]. 河北体育学院学报, 2015, 29(1):5-8.

[54] 张晓琴. 论宪法上的公民权利与国家权力 [J]. 武汉大学学报(哲学社会科学版), 2006, 59(3):326-330.

[55] 张艳. 校本课程建设存在的问题及对策 [J]. 大众文艺, 2011(11):238-239.

[56] 张艳秋. 社会主义核心价值体系的科学内涵及其现实意义 [J]. 中国西部科技, 2010, 09(20):51-52.

[57] 赵新亮, 周娟. 校本课程评价的内涵与实施策略 [J]. 教学与管理, 2011(10):30-31.

[58] 郑鹴言. 坚持完善基本政治制度不断推进人民政协事业 [J]. 政协天地, 2005(5):3+16.

[59] 钟惊雷, 汪史柱. 校本课程实施中相关问题的再分析 [J]. 教学与管理, 2008(8):23-24.

[60] 褚晶晶. 试论我国公民权利与国家权力的关系 [D]. 秦皇岛: 燕山大学, 2012.

[61] 关丽佳. 论中华民族精神的内涵及其构成要素 [D]. 哈尔滨: 黑龙江大学, 2010.

[62] 杨力歌. 我国多党合作与政治协商制度发展问题研究 [D]. 昆明: 云南师范大学, 2015.

[63] 张亚君. 当代中国公民社会的公民义务研究 [D]. 泉州: 华侨大学, 2009.

[64] 张盈. 我国民族区域自治制度面临的新形势及其完善 [D]. 沈阳: 东北大学, 2010.